Redirecionamento da política externa

Uma análise comparativa entre os governos Castello Branco e Fernando Collor

Redirecionamento da política externa

Uma análise comparativa entre os governos Castello Branco e Fernando Collor

ÍTALO BELTRÃO SPOSITO

Copyright© 2013 Ítalo Beltrão Sposito

Grafia atualizada segundo o Acordo Ortográfico da Língua Portuguesa de 1990, que entrou em vigor no Brasil em 2009.

Publishers: Joana Monteleone/Haroldo Ceravolo Sereza/Roberto Cosso
Edição: Joana Monteleone
Editor assistente: Vitor Rodrigo Donofrio Arruda
Assistente acadêmica: Danuza Vallim
Projeto gráfico e diagramação: Ana Lígia Martins
Capa: Gabriel Patez Silva
Revisão: Samuel Vidilli

Este livro foi publicado com o apoio da Fapesp

CIP-BRASIL. CATALOGAÇÃO NA PUBLICAÇÃO
SINDICATO NACIONAL DOS EDITORES DE LIVROS, RJ

S751r

Sposito, Ítalo Beltrão
REDIRECIONAMENTO DA POLÍTICA EXTERNA: UMA ANÁLISE COMPARATIVA ENTRE OS GOVERNOS CASTELLO BRANCO E FERNANDO COLLOR
Ítalo Beltrão Sposito. 1ª ed.
São Paulo: Alameda, 2013
248 p.

Inclui bibliografia
ISBN 978-85-7939-230-6

1. Brasil – Política e governo – 1964-1992. 2. Brasil – Condições econômicas. I. Título.

13-05450   CDD: 320.981
           CDU: 32(81)

ALAMEDA CASA EDITORIAL
Rua Conselheiro Ramalho, 694 – Bela Vista
CEP: 01325-000 – São Paulo, SP
Tel.: (11) 3012-2400
www.alamedaeditorial.com.br

*Aos meus pais, Eliseu e Carminha,
professores universitários, que me apoiaram
nesse processo que passou pela indecisão ao final
da graduação até o momento de entrega da
dissertação que deu origem a este livro*

Sumário

Lista de siglas	9
Prefácio	13
Introdução	17
Capítulo I – Desenvolvimento de um esquema para análise da mudança de política externa	21
Capítulo II – Governo Humberto de Castello Branco (1964-1967)	73
Capítulo III – Governo Fernando Collor de Mello (1990-1992)	123
Capítulo IV – Análise comparativa	183
Considerações finais	195
Lista de documentos	199
Referências bibliográficas	229
Agradecimentos	245

Lista de siglas

ABACC	Agência Brasileiro-Argentina de Contabilidade e Controle de Materiais Nucleares
AI	Ato Institucional
AIEA	Agência Internacional de Energia Atômica
APE	Análise de política externa
BC	Banco Central
BID	Banco Interamericano de Desenvolvimento
BM	Banco Mundial
CDN	Conselho de Defesa Nacional
CGI	Comissão Geral de Informações
CIEX	Centro de Informações do Exterior
CSN	Conselho de Segurança Nacional
DEDIV	Departamento da Dívida Externa
DIVEX	Diretoria para Assuntos da Dívida Externa
DSI	Divisão de Segurança e de Informações
DSN	Doutrina de Segurança Nacional
ESG	Escola Superior de Guerra
FA	Forças Armadas
FIP	Força Interamericana de Paz

FMI	Fundo Monetário Internaciona
GATT	General Agreement on Tariffs and Trade
GEP	Grupo de Estudos e Planejamento
IBAD	Instituto Brasileiro de Ação Democrática
IPES	Instituto de Pesquisa e Estudos Sociais
LSN	Lei de Segurança Nacional
MEFP	Ministério da Economia, Fazenda e Planejamento
MERCOSUL	Mercado Comum do Sul
MP	Medida Provisória
MPE	Mudança de política externa
MRE	Ministério das Relações Exteriores
OCDE	Organização para a Cooperação e Desenvolvimento Econômico
OEA	Organização dos Estados Americanos
OMC	Organização Mundial do Comércio
ONU	Organização das Nações Unidas
OPEP	Organização dos Países Exportadores de Petróleo
PAEG	Programa de Ação Econômica do Governo
PDT	Partido Democrático Trabalhista
PEB	Política externa brasileira
PEC	Política externa comparada
PEC	Proposta de Emenda à Constituição
PEI	Política Externa Independente
PSD	Partido Social Democrático
SERPRO	Serviço de Propaganda e Expansão Comercial
SG/CSN	Secretaria Geral do Conselho de Segurança Nacional

SGPE	Secretaria Geral de Política Externa
SI	Sistema internacional
SNI	Serviço Nacional de Informações
SOP	Standard operating procedures
STF	Superior Tribunal Federal
TNP	Tratado de Não-Proliferação
UDN	União Democrática Nacional
UDU	Unidade decisória última
USAID	United States Agency for International Development

Prefácio

Como analisar os períodos de mudança da política externa brasileira? Há tempos nos acostumamos à prevalência do discurso da continuidade. Embora haja permanentes debates sobre a nossa política externa, sobretudo no contexto de maior complexidade dos últimos anos, houve certa acomodação que impediu uma análise mais aprofundada das mudanças. É verdade que existe um maior consenso sobre a estabilidade da política externa brasileira, dada a existência de vários fatores, sobretudo a estrutura institucional, com a forte centralização decisória do Ministério das Relações Exteriores. Além disso, o longo período sob um sistema internacional polarizado correlacionava as interpretações ao impacto dos constrangimentos estruturais. Mas mudanças importantes, de regime político, de modelo econômico e o peso do modelo presidencialista, ao longo dos anos, são fatores suficientes para desconfiar que o teor das mudanças por que passamos ainda não foi totalmente explorado.

Mergulhar nestas perguntas pode nos ajudar a compreender a evolução das principais matrizes da política externa brasileira, pautadas pela autonomia e pelo universalismo por um lado, e pela relação de proximidade com os Estados Unidos por outro. Compatibilizar ambas as opções numa atuação internacional consistente e legítima sempre foi preocupação central dos nossos dirigentes. A análise comparada de períodos distintos da nossa história nos faz entender as diferentes posições adotadas pelo Brasil e como a relação entre duas opções aparentemente divergentes pôde ser levada conjuntamente.

É isso que faz Ítalo Beltrão Sposito neste livro. Derivado da sua dissertação de mestrado, defendida no Instituto de Relações Internacionais da USP, o pesquisador mostra os bastidores da política externa brasileira em dois momentos cruciais da nossa história, comparando os governos dos presidentes Castello Branco (1964-1967) e Collor de Mello (1990-1992). Aparentemente distintos, sobretudo pela conjuntura política e econômica das duas épocas, Ítalo propõe uma análise inédita, ao identificar nos dois governos, processos importantes que levaram a mudanças da nossa política externa.

Mais do que simplesmente comparar dois momentos, o autor busca compreender os determinantes da mudança da nossa política externa, em dois momentos marcados por um novo regime político.

Não tomando apenas aspectos externos para aprofundar esta explicação, o autor confere uma base teórica e destaca aspectos domésticos, como a mudança de política econômica, o perfil dos presidentes e sua relação com a diplomacia como fatores que influenciam o redirecionamento da política externa. E tais elementos parecem cruciais para compreender a tomada de decisão, para além da inserção internacional dos países.

Partindo de uma revisão da literatura de *Análise de Política Externa*, o autor busca cobrir uma lacuna importante no estudo das Relações Internacionais no Brasil, ao definir variáveis objetivas para compreender o processo histórico. Neste sentido, este livro complementa de forma muito acertada os trabalhos sobre política externa. A definição objetiva das variáveis explicativas da mudança dão clareza à análise.

Nos dois capítulos seguintes, o que se tem é um estudo aprofundado de cada um dos governos, não somente no que se refere à definição da política externa, mas sobretudo busca entender o peso da mudança. Atores da burocracia governamental, um novo modelo de política econômica e a relação que se estabelecia entre os diferentes atores sociais, são variáveis que aparecem como definidores do comportamento internacional, e nos ajudaram a fortalecer a nossa imagem diante de outros parceiros internacionais.

Esta é a novidade que este trabalho oferece aos leitores, entender a política externa "por dentro", a partir dos seus fatores domésticos. A comparação que se faz no último capítulo confirma não apenas a relevância destes dois momentos, mas as semelhanças no que se refere às mudanças da política externa brasileira.

Ítalo Beltrão Sposito conseguiu reunir, após extensa pesquisa empírica, uma análise original e instigante, que nos permite conhecer melhor a evolução da história política brasileira, a partir da análise do processo de mudanças por que passou a nossa política externa.

Janina Onuki
Professora do Instituto de
Relações Internacionais da USP

Introdução

O objeto deste livro é a Política Externa Brasileira (PEB), vista por meio de uma perspectiva comparada entre dois governos: do presidente Humberto Alencar de Castello Branco (1964-1967) e do presidente Fernando Collor de Mello (1990-1992). Partimos da hipótese de que nestes momentos houve redirecionamento na PEB, mesmo em se tratando de dois períodos marcados por regimes políticos e contextos internacionais diferentes. O objetivo é identificar como ocorreu o processo de mudança de curso na política externa através da discussão das fontes de mudança, do papel dos principais agentes – chefe do executivo e ministérios – e da estrutura de tomada de decisões e do sistema internacional (SI). Assim, será possível identificar quais as variáveis independentes, determinantes e influentes sobre a variável dependente – a Mudança de Política Externa (MPE).

O tema da MPE ainda é pouco explorado na literatura. Na nacional, há predomínio de estudos paradigmáticos e de história da política externa. Nestes, há foco no tema da continuidade e de suas causas, sem buscar uma explicação para os motivos da descontinuidade, considerados apenas como momentos de exceção (CERVO, 2001; CERVO E BUENO, 2002; LIMA, 1994; PINHEIRO, 2000 e 2004; SARAIVA, 2003; VIZENTINI, 2008). Na internacional, existem alguns motivos responsáveis pela baixa exploração do tema: o campo de Análise de Política Externa (APE) é relativamente novo, levando os estudos a darem preferência à ordem ao invés da mudança; a ascensão do *"behaviorismo"* levou ao predomínio de estudos específicos ao invés de teorias gerais; estudos têm *"western bias"* com influência do realismo e do cenário da Guerra Fria, motivo do consenso em torno da existência de um padrão de comportamento internacional e da manutenção da continuidade na política externa dos Estados Unidos (GILPIN, 1981 *apud* ROSATI *et al.*, 1994).

Por estas razões, a comparação entre os dois governos em foco poderá ajudar os estudos sobre a PEB por contemplar períodos amplamente diferentes que tiveram em comum o redirecionamento – padrão de comportamento não explicado pela tese da continuidade – nas diretrizes externas brasileiras. A identificação de padrões nos casos de redirecionamento poderá a ajudar na compreensão do comportamento em política externa nos momentos de continuidade. Para isso será necessário desenvolver uma argumentação que, apesar de considerar a influência dos fatores institucionais – principalmente o papel do Itamaraty – na manutenção de certa continuidade, identifique as variáveis influentes na mudança e os fatores que determinaram a pormenorização das diretrizes de política externa do governo anterior.

Ademais, busca-se encontrar similaridades entre a postura dos dois presidentes para decidir em favor de uma guinada na política externa, e assim analisar se há padrões de atuação do executivo e do Itamaraty em momentos de redefinição de paradigmas de política externa; também serão discutidos os meios utilizados para embasar conceitualmente e legitimar a mudança de curso da política externa. Adicionalmente, também serão buscadas as similaridades entre as *fontes* de mudança (fatores relacionados ao sistema internacional e ambiente doméstico) que seriam determinantes na MPE.

Apesar de a literatura enfatizar o insulamento dos temas de política externa da arena política doméstica, a ruptura em política externa nos governos em questão esteve alinhada aos objetivos gerais de suas políticas governamentais, ou seja, a mudança em suas diretrizes de política externa foi um meio de complementar uma estratégia ampla na política interna – em linhas gerais, a luta contra o comunismo por Castello Branco e a modernização nacional por Fernando Collor. Por isso, a análise do contexto doméstico mostra-se tão importante. Este caráter específico das MPE analisadas demonstra a necessidade de se pensar nos determinantes domésticos, além dos internacionais, para explicar os motivos e os momentos dos redirecionamentos.

Dessa forma, a seleção destes dois períodos específicos é justificada pela identificação de diversos fatores que levantaram hipóteses sobre a existência de similaridades nos padrões de atuação dos atores chave da política externa e nos modos como a mudança foi executada (mesmo que em contextos domésticos e internacional, substancialmente, diferentes): alto grau de polarização na política nacional; forte vinculação entre a política doméstica e a política externa; participação dos presidentes na área de política externa; introdução de mudanças na organização do Ministério das Relações Exteriores (MRE); política deaproximação aos EUA.

A análise sobre o processo como se desenvolveu a MPE será feita por meio de um esquema analítico "Entrada-saída" (*"input-output"*) que relaciona as fontes dos ambientes doméstico e internacionais com a nova política externa adotada; as bases teóricas e metodológicas do mesmo advêm dos estudos de *foreign policy change* (MPE) dentro da literatura de *foreign policy analysis* (APE). Segundo esta literatura, as fontes podem influenciar o processo de desenvolvimento e de tomada de decisões políticas de diversas maneiras: impulsionar uma mudança nas crenças dos agentes/atores chave nestes processos; ocasionar uma ruptura de regime que resultaria na mudança na composição da unidade decisória última (UDU); mudar a balança de poder decisório, levando ao ganho de poder do presidente ou das burocracias *vis-à-vis*. Tais câmbios representariam a influência das fontes de mudança sobre o ambiente formulador da política externa, que (seja por meio de uma mudança nas crenças ou nos atores) decide por implementar uma MPE.

Capítulo I

Desenvolvimento de um esquema para análise da mudança de política externa

ANÁLISE DE POLÍTICA EXTERNA

A APE surgiu na década de 1960 como campo de estudos nos Estados Unidos. No início, a corrente criticou duas premissas centrais da abordagem tradicional: defendeu uma teoria mais científica e questionou a prioridade analítica dada ao nível internacional (RYNNING e GUZZINI, 2001). Em sua "primeira geração" – inicialmente conhecida como Política Externa Comparada (PEC) – desenvolveu um método que buscou sintetizar dados baseados em eventos que seriam descritores do comportamento dos Estados, para a formação de explicações baseadas em tipos-ideais de nação, características sociais e modos de comportamento. Por meio da comparação sistemática e quantitativa entre Estados, classificados em tipos ideais, buscavam estabelecer uma relação causal entre o tipo de Estado e seu possível comportamento em política externa. Os estudos foram incentivados pelo governo estadunidense para desenvolver teorias "científicas" que seriam utilizadas para auxiliar as decisões em política externa durante a Guerra Fria. O trabalho precursor deste campo foi *Pre-Theories and Theories of Foreign Policy* de Rosenau (1966).

Juntamente com o anterior, outros dois trabalhos são considerados por Hudson (2005) como paradigmáticos e responsáveis pela fundação deste campo das ciências sociais: *Decision Making as an Approach to the Study of International Politics* de Snyder (1954) e *Man-milieu Relationship Hypotheses in the Context of International Politics* de Sprout e Sprout (1956). O primeiro inspirou os pesquisadores a olharem abaixo do nível estatal para analisar os atores (humanos) envolvidos. O livro trouxe à APE a característica de focar sobre o processo decisório para estudar a política externa (*foreign policy decision-making*), vista como resultado de um comportamento organizacional no âmbito do qual os principais determinantes são os atores envolvidos, o fluxo de informações e as motivações dos atores. O segundo alertou para a necessidade de se entender o *"psycho-milieu"*, dos indivíduos e dos grupos no processo decisório, que é percebido e interpretado pelos atores no momento da tomada de decisão.

A queda do domínio positivista nas ciências sociais e desdobramentos de eventos reais nos anos 1960 levaram os pesquisadores a repensar os pressupostos fundamentais do campo, levando ao surgimento novas ideias na década de 1970. Após a tarefa concluída de consolidação do campo, executada pela "primeira geração", a "segunda geração" – resultado da incursão de uma segunda onda de pesquisadores, treinados pelos precursores do campo – promoveu uma "abertura teórica" e passou a considerar diversas tradições teóricas como relevantes para o estudo do comportamento internacional dos Estados. Estes autores passaram a buscar, em diferentes literaturas, bases teóricas para investigar as preocupações centrais da APE: desenvolver teorias de política externa e explicar o comportamento dos Estados. Para isso seria necessário desenvolver molduras teóricas com a utilização de fontes múltiplas e níveis de análise adequados em relação ao problema, na concepção de Neack *et al* (1995), "explicações completas de fenômenos de política externa requerem molduras explicativas com níveis e variáveis múltiplos" (p. 10).

Hudson (2008) enumera algumas premissas consolidadas pela "segunda geração": olhar "dentro" do nível do Estado em busca de informações específicas do ator; comprometimento em construir teorias de médio alcance como interface entre teorias gerais e a complexidade do mundo real; comprometimento em buscar explicações multi-causais utilizando múltiplos níveis de análise; utilização de teorias de diversos campos das ciências sociais; considerar o processo decisório em política externa tão importante quanto seu resultado. O caráter de multidisciplinaridade e a utilização de diversos tipos de metodologias justificam-se porque o desenvolvimento da política externa de um Estado é um processo complexo de interação entre atores, cada um influenciado de uma forma por uma diversa gama de estruturas em uma dinâmica que leva à constante evolução/mudança dos atores e das estruturas (HILL, 2003).

Segundo Neack*et al.* (1995), as premissas teóricas da "segunda geração" podem ser resumidas nestes pontos: 1) a pesquisa é conduzida pela utilização de diversas metodologias com diversas técnicas quantitativas e qualitativas; 2) não há necessidade de um paradigma central; 3) rejeitam-se conexões simples, considerando-se interações complexas entre os fatores de política externa; 4) baseia-se em descobertas de comparativistas e especialistas de áreas para considerar as fontes e processos domésticos de política externa; 5) busca-se conectar a pesquisa com preocupações subjetivas maiores de política externa. Assim, não há uma perspectiva única ou simples para explicar a política externa. Devem ser considerados ou inseridos na análise: objetivos e arenas políticas relevantes; estratégias políticas alternativas usadas por líderes para lidar com restrições domésticas; e significância da estrutura do sistema político na formação da política externa.

Dada a existência de tamanha especificidade tanto na definição das variáveis como na relação entre agente, estrutura e processo, aparece entre as premissas da APE a busca pela construção de teorias de médio alcance e específicas ao ator (*"actor-specific"*), ou seja, teorias que, mesmo tendo um menor grau de generalização, sejam mais qualificadas ao contexto e que possam ter pressupostos testados num espaço e tempo específico (HUDSON, 2008).

Assim, visto que a variável dependente na pesquisa é a MPE, deve-se construir o modelo e a análise em torno desta variável. Isto se torna possível por meio da criação de uma teoria de médio alcance que foque a questão do redirecionamento da política externa e esteja alinhada com características particulares do caso brasileiro. Algo que se aproxima da ideia de "*single country theory*" (teoria específica para um país) de Rosenau (1987b) que se baseia na premissa de que em qualquer momento de sua história, o comportamento de um país é o produto de dois conjuntos de dinâmicas convergentes: 1) as características distintivas de sua estrutura política, organização econômica e história social – questões que serão analisadas, principalmente, a partir dos estudos desenvolvidos pela literatura de PEB; 2) todos os processos que são comuns aos países com as mesmas características – nestes serão utilizados, em princípio, os modelos de APE. Assim, buscar-se-á juntar fatores idiográficos (especiais do caso brasileiro) com fatores nomotéticos (gerais e comuns a diversos países) para identificar as principais variáveis explicativas no processo de redirecionamento.

Consideramos importante frisar, que mesmo que tais teorias sejam desenvolvidas para analisar especificamente alguns governos ou mesmo países, há possibilidade de adaptação para outros casos, sendo esta uma das contribuições para os estudos de PEB que buscamos dar com este livro. Além disso, o modelo a ser proposto será aplicado para dois casos com características conjunturais (históricas, internacionais e domésticas) amplamente divergentes, o que demonstrará se é viável sua aplicação a outros marcos temporais ou mesmo para outros países com características estruturais domésticas semelhantes às brasileiras.

Dentro deste quadro, o esquema analítico proposto buscará se adequar para explicar os processos de MPE em dois períodos essencialmente diferentes na PEB, e se possível, outros casos de MPE em outros Estados. Os estudos de APE são ideais para desenvolver a argumentação proposta por considerar a importâncias dos determinantes domésticos sobre a política externa, já que será defendido que a MPE não foi reflexo apenas de mudanças no SI. Partindo destas premissas, buscaremos relacionar as fontes internacionais e domésticas de mudança com o processo de MPE (considerando-se sempre a estrutura em que tal processo se desenvolveu) e com a política externa adotada por um governo. Por isso, para analisar as fontes serão utilizados estudos específicos sobre o SI, sobre o sistema político brasileiro e sobre os processos decisórios em política externa no Brasil dentro da moldura temporal dos casos estudados.

Mudança de política externa

Dada a tarefa de desenvolver ou adaptar um modelo para analisar casos de MPE e visto as bases metodológicas da literatura discutida, pretende-se construir um esquema analítico de análise em torno da variável dependente – a "mudança de política externa". Se bem desenvolvido, este deverá responder a algumas das principais perguntas que consideramos ser importantes neste estudo: 1) O quê? Do que se trata uma MPE? 2) Como? Quais as principais fontes (variáveis independentes) que podem influenciar a favor ou contra as mudanças? 3) Quando? Quais os momentos em que esta dinâmica tende a ocorrer? 4) Quem? Quais os atores que têm o poder para redirecionar a política externa (variáveis intervenientes) e os mecanismos utilizados por eles para implementar uma mudança? 5) Por que? Quais seriam as razões que levam um governo a optar por uma MPE? Quais as justificativas utilizadas?

Com base na discussão da literatura e na elaboração do esquema analítico, buscaremos responder às perguntas acima.

Discussão conceitual

De início, é necessário realizar uma discussão conceitual da variável dependente tradicional da APE, o termo amplo "política externa". Após esta etapa, serão especificadas questões referentes à variável dependente deste livro.

Em linhas gerais, o conceito de política externa que será utilizado é de Valerie Hudson (2005) por ser abrangente e se adequar ao objetivo da pesquisa que é analisar as principais ações dos governos e seus representantes: "A estratégia ou abordagem escolhida pelos governos nacionais para alcançar seus objetivos nas relações com entidades externas" (p. 12).

Assim, será considerado como política externa, apenas as ações originadas no Estado, visto que a APE tem como objeto a política externa de um governo específico, ou seja, considera a política e as ações de um Estado direcionadas a outros Estados ou fenômenos observados no SI. Mesmo assim, não é possível tratar a APE como Estado-centrista por não considerar os Estados como "caixas-pretas"; seu foco é nos processos políticos domésticos que resultam na política externa de um Estado. Ademais, em seu início, uma das principais críticas à teoria realista recaiu sobre a prioridade analítica dada ao nível internacional para analisar o comportamento dos Estados, por isso, buscaremos identificar variáveis independentes oriundas do ambiente doméstico e internacional (RYNNING e GUZZINI, 2001).

Também consideramos importante frisar, que segundo esta perspectiva, é necessário tratar a política externa como uma política pública já que é considerado que a formulação e implementação da política externa é definida pelos tomadores de decisões, com base em imperativos domésticos, mesmo que diferenciada das outras por ser implantada fora das fronteiras nacionais e ter influência/ser influenciada por questões que fogem do controle do Estado (PINHEIRO e SOLOMÓN, 2011).

Uma diferenciação entre "fases" da política externa, devido à complexidade das dinâmicas analisadas e os diferentes tipos de abordagens que podem ser desenvolvidos dentro deste campo de estudo, parece-nos útil para discutir o conceito. Segundo Papadakis e Starr (1987) a política externa pode ser conceituada como: (1) um produto (*output*), de acordo com seu conteúdo substantivo; (2) como um processo, durante o qual há seu desenvolvimento e implementação; (3) como comportamento, que se refere à implementação do produto. Portanto, política externa pode ter diversas aplicações conceituais: (1) o conjunto de ideias e valores utilizados pelo Estado para legitimar sua atuação externa baseados em um construto denominado de "interesse nacional". Este, por sua vez, é formado por: (2) "[um] processo complexo de interação entre diversos atores, diferentemente integrados em uma larga gama de estruturas. Sua interação é um processo dinâmico, que leva à constante evolução de atores e estruturas" (HILL, 2003, p. 28). E os resultados deste processo são percebidos como: (3) "a soma de relações externas conduzidas por um ator independente nas relações internacionais" (p. 3).

Assim, o conceito pode estar relacionado com qualquer um dos estágios da política externa: seu projeto, seu processo decisório e sua implementação. Como este livro irá analisar o processo em que se desenvolve a mudança da política externa, será necessário pensar em todas estas etapas. Primeiramente, é importante analisar a "nova" política externa que o governo brasileiro defendeu nos discursos, já que os novos governos tiveram em comum a defesa da necessidade de redirecionar a PEB e a busca por legitimação deste novo projeto. Em relação ao processo decisório, é de suma importância analisá-lo por tratar diretamente da variável dependente do livro, visto que, a MPE resulta de um processo em que atores relevantes dispunham de capital político no âmbito doméstico para implementar tal mudança. Por fim, com base na análise do comportamento externo brasileiro, poderemos discutir quais as principais características do processo de MPE (grau, alcance, período etc.), seus resultantes sobre a política externa em si e sobre a organização burocrática em torno da administração da PEB.

O quê?

Agora podemos passar à discussão da variável dependente específica deste livro: a MPE. Serão tratadas algumas das principais conceituações, tipologias e graduações desenvolvidas pela literatura de APE.

De início, uma discussão da ideia de mudança. Esta aparece em oposição à continuidade; é um momento em que há ruptura dos *standard operating procedures* (SOP) – conjunto de rotinas rígidas baseadas em procedimentos operacionais tradicionais que buscam eficiência na tomada de decisões na busca de repetir resultados positivos – e de uma linha de política externa já institucionalizada no país e na organização administrativa de política externa. Assim, para analisar este fenômeno é necessário pensar além do processo decisório e das estruturas burocráticas que dão rigidez à política externa, é preciso descobrir quando há ruptura destas condições estruturais; segundo nosso esquema analítico, é preciso avaliar quando as fontes de mudança "abrem" uma janela política dando espaço para uma MPE (estas relações serão explicadas posteriormente neste texto).

Quanto ao conceito de MPE, diferentes autores já trataram dele, ocorrendo variações em sua definição de acordo com o objetivo buscado em cada uma destas pesquisas. Algumas destas consideraram apenas aquelas mudanças significativas e rápidas por argumentarem que estes são os momentos de rupturas, enquanto as mudanças adaptativas são meios comuns de adequação a mudanças no cenário internacional. Mesmo que a hipótese defendida aqui seja de que houve uma mudança significativa nos rumos da PEB nos governos focados e que isto teria ocorrido em um curto período de tempo (dois fatores que caracterizariam a MPE como drástica), serão discutidos as diversas tipologias e graus de mudança (mesmo as menos radicais) para enriquecer a discussão e também porque a hipótese poderá ser derrubada.

Holsti (1982) diferencia mudança de política externa de reestruturação: a primeira é tipicamente lenta com pequena interligação entre os diversos setores envolvidos na política externa, ou seja, é mais branda; a segunda é mais drástica e profunda, envolvendo mudança em diversos setores. Ele centra sua análise no termo "reestruturação" definido por "alteração dramática e majoritária no padrão de relações externas de uma nação" (p. ix); assim, sua análise foca sobre as mudanças mais drástica de política externa.

Já Skidmore (1994), não apresenta uma definição clara de mudança, mas diferencia dois de seus modos de operação. Segundo ele, características nacionais, definidas através de duas variáveis dependentes dicotômicas (grau de coerção externa e grau de restrição doméstica), determinarão se um Estado se adapta às mudanças do SI de forma evolutiva ou se as MPE resultam de choques, levando à redirecionamentos esporádicos e mais drásticos. No entanto, um modelo que considera fontes domésticas e internacionais e a variável dependente como dicotômicos não se adéqua ao nosso objetivo por ser demasiado simplificado.

Outro autor que foca nas mudanças mais significativas é Charles Hermann (1990), que considera como redirecionamento apenas três dos quatro níveis de mudança. Apesar de o autor se propor a analisar somente as MPE ocorridas dentro de um mesmo regime, sua tipologia é útil e pode ser adaptada para explicar casos de mudanças resultantes da ascensão de um novo regime. Hermann (1990) identifica quatro níveis graduais de mudança, do mais fraco ao mais forte: 1) *mudança de ajuste*, quando ocorre no nível do esforço, é quantitativo, assim, o que é feito e os propósitos são os mesmos; 2) *mudança de programa*, ocorre nos meios pelos quais os objetivos são designados, é qualitativa e envolve novos instrumentos do Estado, o propósito continua o mesmo, mas o modo e o que é feito mudam; 3) *Mudança de problema/objetivo*, problema ou objetivo inicial da política externa é substituído, os propósitos são novos; 4) *mudança na orientação internacional*, é a forma mais extrema, e envolve o redirecionamento total da orientação do ator em assuntos externos e em seu papel internacional.

Rosati (1994) também desenvolveu uma classificação com quatro tipos graduais de políticas externas, resultantes de um período de transição na política externa – sua tipologia se aproxima muito da desenvolvida por Hermann (1990): 1) *intensificação*, caso em que há pouca mudança; 2) *refinamento*, uma pequena mudança; 3) *reforma*, uma mudança considerada moderada, mas significativa; 4) *reestruturação*, caso mais extremo em que há redirecionamento na política externa.

Baseado nestas tipologias, Niklasson (2006) estruturou sua própria, considerando três graus de mudança: 1) ajustamento, nenhuma ou pouca; 2) reforma, quando é moderada; 3) reestruturação, caso em que há grandes mudanças no programa, nos objetivos e nas estratégias.

A MPE também pode ser classificada por uma tipologia. Holsti (1982) elenca quatro tipos ideais de reestruturação da política externa: isolamento, autoconfiança, dependência e não-alinhamento/diversificação; no entanto, este tipo de classificação só nos parece útil para a comparação entre um grande número de Estados. Nesta mesma linha, Hagan (1994) analisa a mudança de acordo com relações bilaterais, normalmente, em relação a uma potência regional ou global. Para isso, elabora uma tipologia que considera a possibilidade de: acomodação/confrontação em relação aos mecanismos utilizados para resolver problemas em relação a outros Estados; independência/dependência de ação considerando o grau de autonomia em política externa de um Estado; e grau de comprometimento, em relação a uma política previamente adotada.

Kleistra e Meyer (2001), desenvolveram uma tipologia que busca analisar a MPE em três níveis: bases políticas normativas; objetivos e estratégias; e instrumentos. Seriam estes, os três campos em que podem ser identificadas as MPE. Para este livro, a contribuição mais importante destes autores está na ideia de analisar também as mudanças organizacionais e administrativas nos quadros de desenvolvimento da política externa. Os autores buscam identificar as implicações que a MPE tem sobre a máquina burocrática, analisando as mudanças nos ministérios e nas atribuições dos principais atores através de cinco classificações de mudanças: papel, tarefa, tamanho do papel e tarefa, divisão de tarefas e portfólio das tarefas do ministro de relações exteriores. Visto que nos dois governos estudados foram implantadas reformas administrativas e nas atribuições do MRE, as mudanças organizacionais também serão analisadas.

Outra tipologia advém dos estudos de política externa comparada. Hagan (1989) analisa os efeitos da mudança de regime político doméstico sobre a política externa, para isso, mede a MPE através da mudança no grau de alinhamento com os Estados Unidos com base nos votos dos países da Assembleia Geral das Nações Unidas (AGNU). Sendo assim, também é possível analisar uma MPE a partir do comportamento em relação a um *hegemon* pela comparação entre períodos/governos e a "distância" que cada um deles manteve em relação à principal potência global/regional.

Além das tipologias e gradações de MPE, outros dois fatores relacionados à variável dependente também podem ser considerados:

Em primeiro lugar, o período de tempo da mudança. Pode-se analisar se a MPE ocorreu de forma gradual ou rápida. Esta diferenciação pode ser útil já que uma mudança mais rápida pode afetar de forma mais drástica o ambiente internacional, enquanto que no ambiente doméstico, pode ser um indício da existência de algum tipo de crise (política ou econômica), representando o redirecionamento uma busca para sair desta condição. Por outro lado, uma mudança lenta pode significar apenas a procura por adaptação a câmbios internacionais, resultante da percepção dos atores da inadequação da política externa em curso.

Também é possível abalizar a mudança de acordo com sua abrangência. Sendo assim, o processo de MPE pode ter influência em apenas uma área da política externa, em algumas ou mesmo em todos os setores, tais como: segurança, comércio, política econômica etc.

Em linhas gerais, a literatura utiliza o conceito "mudança de política externa" para definir o fenômeno em questão, podendo incluir nesta categoria pequenas revisões adaptativas, sem grandes implicações no quadro geral da política externa de um Estado, e o termo "redirecionamento" ou "reestruturação" para classificar os casos mais extremos de MPE.

Isto é especificado na discussão teórica realizada por Volgy e Schwarz (1994). Estes autores identificam quatro condicionantes para classificar uma MPE como reestruturação que podem ser úteis em nossa discussão: 1) há mudança multidimensional, quando questões independentes se tornam interligadas, passam por uma mudança conjunta e convergem; 2) deve resultar em mudança de comportamento, sendo que, apenas a intenção de mudar não é suficiente; 3) deve englobar dois tipos de mudança: na direção, resultando em um novo padrão de alianças e relações de dependência, e na participação, com um novo grau de envolvimento na política internacional; 4) em relação à dimensão temporal, requer grandes mudanças em um curto espaço de tempo.

Sendo assim, como termo geral no esquema analítico, utilizaremos MPE, mesmo assim, defenderemos a hipótese de que nos governos estudados, ocorreu um redirecionamento na PEB. Para testar a hipótese, analisaremos se os casos cumprem os condicionantes enumerados acima por Volgy e Schwarz (1994). Além disso, o esquema a ser proposto deve ser mais adequado para analisar os casos de redirecionamento já que será desenvolvido com o objetivo de aplicar aos momentos em que há mudanças mais drásticas na política externa, momentos de ruptura de um padrão.

Para classificar as MPE, em relação aos objetivos da política externa, utilizaremos as gradações desenvolvidas por Rosati (1994) e Hermann (1990) – tipologias semelhantes – assim, poderemos classificar a mudança dentro de uma escala crescente de "1" a "4".

Também será analisada a mudança em termos das bases políticas normativas, dimensão que aparece como importante dado a relevância que os estudos de PEB dão aos paradigmas conceituais na definição da política externa. Outra dimensão a ser avaliada refere-se ao grau de aproximação em relação ao *hegemon*, para isso, poderemos utilizar a tipologia de Hagan (1989). Por fim, serão analisados os efeitos da MPE sobre a estrutura burocrática doméstica, para isso, serão adaptadas as cinco classificações de Kleistra e Mayer (2001) sobre a mudança nas atribuições dos principais atores influentes no processo de desenvolvimento e decisório em política externa. Serão discutidas as mudanças implementadas no Itamaraty em quatro tópicos: papel do ministro das Relações Exteriores; divisão das tarefas e regras dentro do ministério; portfólio das tarefas executadas pelo MRE; importância do ministério na estrutura federal.

Como?

Após pensar na variável dependente, agora serão discutidas as variáveis independentes e intervenientes e como elas influenciam o ambiente decisório em prol ou contra uma MPE. Se há diferentes definições da variável dependente, a lista das possíveis variáveis independentes é mais extensa ainda. Algumas são elencadas por Rosenau (1987a):

> Decisão de um indivíduo, as deliberações de um comitê, o resultado de um processo de desenvolvimento de políticas, a soma de grupos de interesse em conflito, os valores da elite dominante, o produto de aspirações da sociedade, o reforço da tradição histórica, a resposta a desafios globais (p. 2. Tradução do autor).

Por isso, as variáveis independentes escolhidas devem ser aquelas que têm maior poder explicativo sobre a MPE, pensando nas especificidades dos casos em estudo.

Visto que responder a uma questão geral nos moldes de "como?" pode significar explicar o processo como um todo, focaremos a discussão nestes dois tipos de variáveis. De modo geral, a literatura considera que uma MPE ocorrerá ou será determinada pela interação entre as variáveis independentes e intervenientes. Por um lado, existem os estabilizadores ou restrições, que seriam fatores que influenciam o ambiente de formulação e implementação de política externa a favor da manutenção da continuidade (variáveis intervenientes restritivas). Por outro lado, existem as *fontes* de mudança (variáveis independentes), que seriam influências do SI e da política doméstica, com o possível peso de favorecer uma MPE e/ou "quebrar" os estabilizadores. Sendo assim, estas variáveis são utilizadas para balizar uma explicação de MPE a partir da consideração de que são momentos de ruptura à continuidade. A quebra destes estabilizadores, resultante na "abertura" de uma janela política, pode levar à percepção da inadequação da política externa corrente com os incentivos das fontes domésticas e internacionais pelos tomadores de decisões, resultando em uma MPE. Assim, a resposta de "como?", seria: por meio da "leitura" das fontes após a "quebra" dos estabilizadores.

Estes fatores terão uma importante implicação para responder a pergunta seguinte ("quando?"), já que as fontes são "sentidas" pelos tomadores de decisões – podendo levar a uma MPE – no momento em que a janela política estiver "aberta".

É importante frisar aqui, que o processo cognitivo e o decisório – momento em que os tomadores de decisões interpretam as fontes e buscam as soluções políticas a um problema, podendo ser o caso de uma MPE – também serão considerados como variáveis intervenientes modeladoras.

As fontes são fatores relacionados ao ambiente político, ideológico, cultural ou econômico, no âmbito nacional ou internacional. Quando se trata do tema de MPE, estão relacionadas a novas configurações do ambiente que podem ser percebidas pelos tomadores de decisões, sendo um dos resultados possíveis o redirecionamento da política externa.

Gustavsson (1999) conceitua-as como condições estruturais fundamentais e as divide entre fatores domésticos e internacionais, sendo estes grupos subdivididos entre políticos e econômicos. No nível doméstico, considera como fontes políticas, a necessidade de apoio dos eleitores e de atores sociais, e a disputa entre partidos políticos. Como fatores econômicos domésticos, considera o desenvolvimento da economia (a partir de indicadores estatísticos do crescimento do PIB, taxa de inflação e nível de desemprego) e as condições institucionais na relação entre o Estado e grupos do mercado de trabalho. No nível internacional, aponta para as relações de poder e aspectos tradicionais de segurança nacional, e para os fatores econômicos relacionados à política econômica dos Estados, às transações econômicas entre os países e às condições institucionais destas relações.

Além das mudanças nas condições estruturais, Gustavsson (1998) também sublinha outros dois fatores que podem facilitar um processo de MPE: 1) liderança política estratégica, momento em que um ator com autoridade decisória utiliza seu capital político para implementar um novo projeto de política externa; 2) presença de algum tipo de crise, seja relacionada a fatores políticos ou econômicos, nos contextos interno e/ou internacional.

De forma semelhante, Hermann (1990) também considera que uma autoridade em política externa pode ser responsável por uma mpe, por meio da utilização de seu poder, convicção e energia para empurrar seu governo a um redirecionamento; ele chama este tipo de *leaderdriven* (dirigida pelo líder). Além deste, também considera como possíveis fontes para a MPE: a) amparo da burocracia é quando um grupo de atores com poder político suficiente, dentro de uma agência ou diferentes organizações, se torna defensor de uma nova política; b) reestruturação doméstica é aquela ocorrida quando o segmento político da sociedade (elite) do qual o governo precisa do apoio se torna agente de mudança, minando a legitimidade da política existente; c) os choques externos decorrem de um evento internacional dramático, do qual emerge a necessidade de MPE.

No entanto, se seguirmos os passos de Hermann e Gustavsson e tratar o líder como uma variável independente e interveniente ao mesmo tempo, teremos um problema metodológico, já que o ator político poderá ser o iniciador da mudança e aquele que toma as decisões; o ideal seria conseguir isolar os dois tipos de variáveis de modo a determinar as relações causais de cada tipo. Portanto, o tomador de decisões ou líder será considerado uma variável interveniente modeladora (como será especificado na seção "1.2.5"), de modo que, consideramos a possibilidade dele atuar por vontade própria como iniciador de uma MPE. No entanto, deverá resultar de sua leitura das fontes e estará sujeito à restrição dos estabilizadores.

Já Goldmann (1988) divide as fontes de MPE em três grupos: 1) mudança nas condições ou circunstâncias do ambiente que podem levar ao processo da adaptação; 2) política como fonte em si, caso em que o câmbio decorre do *feedback*, através do processo que chama de aprendizado; 3) categoria que inclui as fontes restantes não identificadas, consideradas como fatores residuais.

Niklasson (2006) utiliza o termo "promotor de mudança" para definir suas fontes, que ele conceitua como "qualquer fator interior ou exterior ao agente A que, enquanto os estabilizadores são mantidos constantes, aumenta a probabilidade de que A irá abandonar, ou modificar consideravelmente, a política P" (p. 45). Ele enumera como promotores externos: novas configurações na estrutura global/regional, ameaças externas e choques; entre os promotores domésticos: fatores cognitivos e relacionados à política.

Através de uma moldura teórica que busca integrar aqueles já desenvolvidos pelo campo de MPE *(Foreign Policy Change)*, Eidenfalk (2006) lista variáveis independentes de origem doméstica e internacional. O autor classifica cinco fontes domésticas de mudança:

- Burocracia: geralmente é considerada uma fonte de continuidade ao invés de mudança – inércia e SOPs são considerados obstáculos a mudança;
- Opinião pública: importante fonte de mudança porque os governantes precisam de seu apoio público para fins eleitorais. Quando o público não está satisfeito com uma política, pode pressionar o governo, resultando em uma MPE; por outro lado, também pode ser uma fonte que influencia na continuidade, se a mídia apoiar a política existente;
- Mídia: por ser a ponte de ligação entre governo e público, os tomadores de decisões precisam considerar a mídia, se buscam apoio para sua política; além disso, pode ser fator importante na formação da agenda e na formação da opinião pública;
- Grupos de interesse: grupos organizados que podem se engajar na defesa de uma mudança ou em apoio à continuidade de certa política;
- Partidos políticos: são influentes, principalmente, aqueles dos quais o governo precisa do apoio para governar, podendo resultar em adaptações da política; a oposição também pode tentar barrar uma mudança ou mesmo contestar a eficácia de uma política, defendendo a mudança.

As fontes internacionais são separadas por Eidenfalk em quatro categorias:

- Fatores globais – foco nas mudanças no SI, instituições e normas estabelecidas;
- Fatores regionais – eventos que resultam em mudanças nas relações políticas de uma região, instituições regionais também são importantes;
- Relações bilaterais – englobam relações diretas do Estado com outros parceiros e instituições;

- Atores não estatais – aqueles que podem influenciar um tomador de decisões em política externa. O autor considera como membros nestas categorias, o poder, as normas e as instituições, sendo assim, influenciam tanto restringindo, quanto incentivando, uma MPE.

Por fim, como uma das principais fontes de MPE aparece atransição de regime ou mudança de líder. Esta fonte sempre foi a primeira a ser analisada pela literatura já que há grande probabilidade de um novo governo implantar um projeto diferente do anterior em política externa. No entanto, esta hipótese sempre aparecia como contráriaa outrosdois pressupostos complementares e amplamente aceitos: a continuidade é o padrão dominante em temas de política externa e uma mudança no regime não afetaria a política externa.

Nesta linha, por meio de um modelo quantitativo, Hagan (1989) classifica os tipos de regime em cinco categorias de acordo com o grau da mudança do grupo político e relaciona com o câmbio no padrão de votos na AGNU dos países do terceiro mundo. O autor encontra uma correlação entre estas variáveis de quase 50%. Além disso, é identificada uma proximidade entre o grau de mudança do regime e o grau de mudança do padrão de votos.

Visto que esta variável pode ser tão decisiva em uma MPE, tornando os efeitos das outras como secundários, alguns autores (HOLSTI, 1982; HERMANN, 1990) consideram apenas os redirecionamentos que ocorreram dentro de um mesmo governo. Por outro lado, Goldmann (1988) considera um objetivo de seu trabalho investigar os efeitos da ascensão de um novo líder político, enquanto, Rosati (1994), Skidmore (1994) e Carlsnaes (1993) não tocam no tema, mas como seus modelos são gerais e estudam longos períodos de tempo, está intrínseco que englobam os casos de mudança de regime/governo.

Dado o fato desta fonte (mudança de regime) ter um caráter distinto das outras, sendo inserida nos modelos tanto como variável independente quanto como variável interveniente, nós a consideraremos como um dos fatores de identificação da janela política. O objetivo seria inserir a importância da mudança de regime sobre a MPE, mas considerando que a ascensão de um novo regime resulta de fatores políticos e econômicos domésticos (fontes) que podem levar à quebra dos estabilizadores, criando condições para implantar uma MPE: condições que denominamos de janela política.

Como nos modelos analisados, as fontes não produzem mudanças diretamente, a influência das variáveis independentes é permeada pelas variáveis intervenientes, que são os estabilizadores e o processo decisório. De modo a diferenciar estes dois grupos, intervenientes por moldarem o resultado político, os estabilizadores serão chamados de variáveis intervenientes restritivas, enquanto o processo decisório será chamado de variável interveniente modeladora. A diferenciação visa distinguir dois grupos de variáveis que apesar de terem a mesma natureza – participam do processo ao influenciar como as fontes terão um resultado político – desempenham este papel de maneira diferente: os estabilizadores restringem e são condicionantes sobre a atuação do processo decisório e cognitivo, durante o qual os tomadores de decisões interpretam as fontes e decidem a política externa a ser adotada.

Passamos agora aos estabilizadores. Iniciamos com a definição de Goldmann (1988):

> Um estabilizador da política P do agente A: qualquer atributo de P, das ideias nas quais P se baseia, de A, ou da relação de A com o ambiente, que reduz os efeitos sobre P de mudanças nas condições para P, de retorno (*feedback*) de P, e de fatores residuais. (p. 240. Tradução do autor).

Assim, o autor considera que é uma variável que afeta: a) a probabilidade de que tal evento levará de fato a um redirecionamento; b) a extensão na qual um processo de mudança será levado adiante resultando em uma MPE. Sua premissa é de que na ausência de estabilizadores, as políticas são altamente sensíveis a novas condições, ao *feedback* e aos fatores residuais. Portanto, podem: bloquear uma MPE a não ser que sejam removidos; reduzir a extensão da mudança; retardar a MPE.

A análise de Volgy e Schwarz (1994) exemplifica bem a ideia de estabilizadores. Os autores consideram os assuntos de política externa como complexos e interligados, e as influências internacionais que restringem o comportamento dos Estados como de difícil neutralização, assim, alegam que a ocorrência de uma MPE é difícil. Por isso, defendem a necessidade de se entender os fatores que podem inibir ou facilitar as MPE, chamados de redes de restrições (*webs of restraint*) que são classificados em cinco tipos:

- Rede burocrática: devido às estruturas complexas das máquinas burocráticas, de informações imperfeitas, a necessidade de manter coalizões políticas fracas e dos procedimentos e regras padronizados (SOP), a implementação de um programa de MPE é de difícil consecução;
- Rede do regime: o tipo de regime seria influente nas possibilidades de mudança, assim, os regimes democráticos apresentariam maiores dificuldades à mudança, enquanto que nos regimes autocráticos seria mais fácil pela falta de empecilhos domésticos; o regime também seria decisivo aos períodos de transição, momento em que a MPE se tornaria mais plausível;
- Rede de recursos: mudança nas relações com outros Estados significa assumir riscos e comprometer recursos, assim, os últimos determinam a habilidade de um Estado em atuar e a gama de possibilidades em sua atuação; uma mudança no volume

dos recursos pode significar o enfraquecimento destas redes, abrindo maior espaço para uma mudança;

- Rede global: estruturas, regras, normas e padrões de atuação globais funcionam como redes que restringem a atuação dos Estados e sua flexibilidade de mudança. No entanto, nos raros momentos de transição no SI, a rede pode aumentar as chances de reestruturação; no sistema bipolar há maior rigidez e, quanto maior a diversificação dos detentores do poder político e econômico, maior a flexibilidade na atuação internacional;
- Rede regional: aumenta a restrição dependendo do grau de integração regional, que tem caráter restritivo; intensidade de conflitos regionais aumenta a instabilidade e, portanto, a chance de mudança; existência de um ou mais *hegemons* na região, sendo que, no caso de um, há restrições à mudança, com dois, mudanças são mais plausíveis.

Na tipologia anterior, os autores destacam três restrições domésticas e duas internacionais. Já Hagan (1994) foca apenas nas restrições domésticas. O autor liga o regime político e seu apoio doméstico com a MPE. Para mudar sua política externa, um ator deverá enfrentar dois imperativos políticos domésticos: (1) defensores da nova política externa dentro do regime devem buscar apoio político para garantir a autoridade necessária para suporte da nova política; (2) mudança deve ser executada de modo a não alienar o apoio político no regime, de modo a aumentar a legitimidade da PE do novo regime. Assim, o autor identifica duas propriedades do regime político doméstico que podem influenciar em MPE: orientação e fragmentação do regime. A orientação do regime político reflete: (1) crenças básicas sobre relações internacionais do grupo político no poder; (2) coalizões de interesses sociais, econômicos e políticos, alinhadas com o regime. A implicação teórica é que cada grupo político que pode subir ao poder tem sua própria visão sobre os objetivos do Estado em política externa, assim, se este novo regime tiver metasdiversas daquelas do governo anterior, poderá buscar uma MPE, sendo que, para isso, terá de enfrentar as restrições domésticas.

Também partindo de uma restrição doméstica à mudança, Clemens e Cooks (1999) utilizam uma abordagem institucionalista para explicar como as mudanças ocorrem. Segundo estes teóricos, existe uma constante identificação das instituições com a estabilidade. Por isso, consideram que as instituições podem restringir negativamente as ações, definir oportunidades e facilitar padrões de interação, assim, também podem ser consideradas um grupo de estabilizadores, já que alegam que "instituições são estáveis até que perturbada por alguma força exógena ao sistema institucional em si" (p. 447).

Como fatores influentesna mudança institucional, que poderão abrir espaço para a "entrada" de fatores exógenos ou fontes de mudança (variáveis independentes), os autores apontam três tipos: (1) *mutabilidade* é forma mais fundamental de mudança institucional que envolve a perda da ordem, parte do pressuposto de que declarações institucionais que, nem demandam nem proíbem um comportamento particular, podem promover a heterogeneidade de ações, desse modo, a existência de alternativas diminui o determinismo institucional, facilitando a inovação através da recombinação; (2) *contradições internas* estão relacionadas à possibilidade de uma prática estabelecida se tornar inadequada em um novo momento político; (3) *multiplicidade* engloba as contradições institucionais e também podem ser geradas pelas tensões entre instituições múltiplas, ou seja, a disputa interburocrática pode levar a uma mudança política. Neste tipo de modelo, as instituições aparecem como uma variável interveniente e são tratadas como um "filtro" às forças exógenas.

Nesta mesma linha, Kegley (1987), através de uma entrevista com 26 chefes de Estado, identificou uma resposta comum sobre como estes tomavam decisões: os políticos afirmaram que a tendência é tomá-las de acordo com as prescrições definidas que são criadas devido à complexidade dos fenômenos analisados em política externa. O autor conceituou este padrão de comportamento dos líderes de "regimes de decisão" que emergiriam em qualquer ambiente em que fossem necessárias regras e procedimentos para solução de problemas coletivos, mesmo que tais regras não fossem escritas. Assim, os regimes de decisão seriam variáveis intervenientes por afunilarem as alternativas políticas a serem consideradas para responder a um fator exógeno; mesmo assim, o autor alerta para o fato dos regimes serem processos, sujeitos a mudanças constantes, além de existir uma grande variabilidade nos procedimentos padrões, dependendo do tema da agenda.

Outro modo de se tratar as variáveis independentes é apresentado por Kleistra e Mayer (2001), que as caracteriza como dicotômicas, podendo ser, dependendo do caso, uma fonte de mudança ou um estabilizador; na tipologia deles, são os carregadores e as barreiras. São 11 indicadores divididos em quatro categorias que serão listadas, sempre indicando quando são, respectivamente, incentivos (+) ou empecilhos (-) à MPE:

- Sistema internacional: a) Interdependência: será um incentivo para mudar quando a política atual significar uma ameaça a outros Estados, e uma barreira quando for um suporte para outras políticas ou relações bilaterais; b) Regulação normativa: (+) política fere leis internacionais, (-) política cumpre regras e normas internacionais; c) Terceiras partes; (+) atores do SI criticam a política; (-) existe apoio de terceiros a política;
- Sistema político nacional: a) Participação: grupos de pressão dominante podem ser contra (+) ou a favor (-) da política externa existente; b) Apoio político: relativo ao apoio do legislativo, podendo ser, falta de apoio (+) ou apoio suficiente (-); c) Institucionalização social: política difere da opinião pública (+) ou está profundamente enraizada na sociedade (-);

• Organização: a) Mandato do tomador de decisões: existe um ator dominante ou único na arena política (+) ou existem outros atores poderosos (-); b) Repertório de respostas: diversas alternativas à política existente (+) ou falta de alternativas plausíveis (-);

• Líderes individuais: a) "Internalização" da estabilidade como uma linha política: líderes estão abertos a novas ideias e mudanças (+) ou são defensores da continuidade (-); b) Centralidade: líderes têm pouco interesse pessoal na política existente (+) ou confiam e apoiam totalmente a política existente (-); c) Teste: bases da política podem ser derrubadas por evidências empíricas (+) ou as ideias que baseiam a política não podem ser testadas ou sua eficiência é confirmada por dados empíricos.

Além das fontes, dos estabilizadores e outros conceitos que buscam explicar o mesmo fenômeno, é importante discutir o processo cognitivo e o decisório, que também podem ser incluídos no modelo como variáveis intervenientes, por serem os momentos em que, na quebra dos estabilizadores, as fontes são interpretadas pelos tomadores de decisões que, possivelmente, optam por uma MPE. No entanto, deixaremos esta parte da literatura para ser discutida quando estivermos tentando responder à questão "quem?".

Assim, um esquema da lógica de funcionamento da moldura teórica desenvolvida até aqui, seria o seguinte:

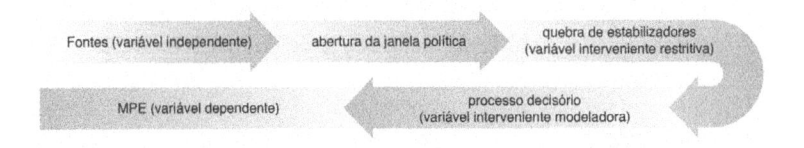

```
Fontes (variável independente) → abertura da janela política → quebra de estabilizadores (variável interveniente restritiva)

MPE (variável dependente) ← processo decisório (variável interveniente modeladora)
```

Figura 1

Assim, é possível distinguir os dois tipos de variáveis intervenientes, cada grupo tendo um papel distinto, mas ambos influenciando na variável dependente. Antes de passar à seção seguinte, é necessário definir quais as variáveis, baseando-se nos modelos analisados, que serão utilizadas no nosso esquema analítico.

O primeiro passo na construção desta moldura teórica é a definição das variáveis independentes ou fontes. Visto que a principal característica da política externa como política pública é a interação com o ambiente internacional, consideramos a separação de Gustavsson (1999) entre as fontes internas e externas como adequada; o autor também faz uma separação, entre fatores políticos e econômicos, que nos será útil. Assim, acrescentamos a colaboração dos outros autores inseridos na discussão teórica e definimos nossas fontes de MPE:

1. Domésticas:

a) Políticas: I. Apoio político do regime: engloba fatores relacionados com a fragmentação e vulnerabilidade do regime; II. Mudança na composição social da elite: novos grupos a serem representados podem representar a necessidade de um novo interesse nacional; III. Link da política externa com outras políticas públicas: questão relacionada à necessidade de adequar a política externa ao projeto nacional mais amplo;

b) Econômicas: I. Situação econômica: atual estágio de desenvolvimento da economia, relacionado com indicadores de maus resultados econômicos da política corrente; II. Condições institucionais: modo das relações entre grupos econômicos com o Estado.

2. Internacionais:

a) Políticas: I. Sistema internacional: organização estrutural (uni/bi/multipolar), períodos de transição ou estabilidade do sistema e papel do *hegemon*; II. Instituições internacionais: papel das organizações internacionais, normas estabelecidas e disputas ideológicas; III. Fatores regionais: existência de "ondas" regionais de MPE, integração regional e presença de *hegemon* na região;

b) Econômicas: I. Situação econômica mundial: engloba o quadro econômico internacional, modelos de política econômica e indicadores de crise econômica; II. Condições institucionais: relação de dependência com um *hegemon* e papel de instituições financeiras internacionais.

O segundo passo, referente à janela política será discutido na seção seguinte deste capítulo. Assim, passamos ao terceiro passo do modelo analítico: as variáveis intervenientes restritivas ou estabilizadores. Visto que este conceito foi desenvolvido por Goldmann (1988), devemos fazer algumas considerações sobre como iremos adaptar esta ideia. Ele considera que é qualquer atributo de uma política, das ideias nas quais se baseia, dos agentes ou das relações dos agentes com o ambiente, que reduzem os efeitos das mudanças nas condições políticas sobre a política em si. Como já especificado, focamos nas mudanças políticas resultantes de câmbios nas condições do ambiente, portanto, utilizaremos um conceito de estabilizador que engloba fatores relacionados a qualquer atributo político, econômico, institucional, ideológico ou social (*fontes*), que dificulta e/ou diminui os efeitos das últimas sobre os agentes.

Outra questão que precisa ser esclarecida é quanto a dois efeitos dos estabilizadores apontados por Goldmann (1988): a) influência na probabilidade de que tal evento levará de fato a uma mudança; b) modificação da extensão na qual um processo de mudança será levado adiante, resultando em uma MPE. Aqui aparece outra diferença quanto ao que consideramos como o papel dos estabilizadores. Como será especificado, posteriormente, a probabilidade de mudança em nosso modelo será determinada pelas características da janela política que será "aberta" resultante da quebra dos estabilizadores. A nossa ideia do conceito estará atrelada ao segundo efeito; a medida na qual poucos ou muitos *estabilizadores* forem quebrados terá efeito na extensão em que um processo de mudança será levado adiante.

Podemos agora elencar os grupos de estabilizadores:

1) Burocráticos:

a) Multiplicidade: relativo aos ministérios e agências responsáveis pela formulação e aplicação da política externa, quando a formulação é interministerial, se torna um empecilho à mudança;

b) SOP: procedimentos e normas rígidas e institucionalizadas há muito tempo dificultam o desenvolvimento de uma nova política;

2) Ideias:

a) Institucionalização: ideias que são a base da política são amplamente aceitas na sociedade e pela elite política, refletindo em resistência à mudança;

b) Repertório de alternativas: mesmo se uma política for considerada ineficiente, na ausência de alternativas, existirá dificuldade de mudança;

3) Internacionais:

a) Base normativa e interdependência: existência de normas e organizações internacionais respeitadas e laços de interdependência muito fortes diminuem possibilidades políticas para a MPE;

b) Sistema internacional: o tipo do sistema (uni/bi/multi) terá influência nas alternativas políticas de um Estado, os sistemas bipolares são mais estáveis e apresentam menores alternativas para mudarem relação aos uni/multipolares, além disso, os momentos de transição apresentam menores restrições à mudança;

4) Domésticos:

a) Fragmentação: a fragmentação da arena política entre partidos ou entre grupos de interesse com poder de influenciar as políticas dificulta a ocorrência de mudanças pela dificuldade em alcançar o consenso;

b) Relação entre Estado e sociedade: Estados que são fechados e não apresentam canais de informações e participação à população e/ou são insensíveis à opinião pública e mídia, são aqueles nos quais as mudanças oriundas de demandas sociais serão raras. Por outro lado, nestes casos, em que há concentração decisória, uma MPE poderá ser facilitada, se assim for a vontade do líder.

Quando?

Nesta seção vamos discutir a ideia da janela política. Um dos principais desafios do campo de Mudança na Política Externa (*Foreign Policy Change*) é definir quando há maior probabilidade de ocorrer uma MPE. Assim, como o campo em si, a discussão desenvolveu-se de forma mais aprofundada com o fim da Guerra Fria, que resultou em redirecionamentos na política externa em diversos países, dado o aumento das alternativas políticas que surgiram. Significou o fim da "dicotomização" das possibilidades em política externa entre alinhamento a uma das superpotências ou diversificação/não-alinhamento. Como bem exposto por Niklasson (2006):

> No período pós-bipolar que seguiu o final da Guerra Fria, MPE se tornou mais frequente. Nós observamos mudanças fundamentais e

rápidas nas relações entre as superpotências, na política internacional (assim como na doméstica) da Europa Oriental e Central, e mudanças drásticas nas relações internacionais dentro de regiões tradicionalmente conflitantes, como o Oriente Médio ou África Meridional. (p. 38. Tradução do autor)

O caminho para se estipular quando ocorrem as MPE é identificar os períodos em que as fontes resultam na ruptura dos estabilizadores. Estes são os momentos em que os custos políticos de "bancar" uma mudança se tornam menores; por outro lado, as fontes também podem demonstrar a inadequação das políticas às condições existentes, já que a estabilidade característica da agenda de política externa, dificulta a existência de adaptações regulares em resposta a pequenos câmbios nas condições. O resultado, dado a falta de adequações correntes, pode ser a ocorrência, em um momento futuro, de um processo de MPE mais drástico.

Ao discutir as dimensões que podem influenciar na probabilidade de MPE, Hermann (1990) aponta três: 1) *grau de institucionalização ou comprometimento com a política por parte do governo*: se for alto, a probabilidade de mudança será menor; 2) *grau de apoio dos atores políticos domésticos*: se for alto, mudança será mais provável; 3) *grau de saliência do problema na disputa de poder interna*: se for grande, há maiores chances de mudar, pois a política externa será um dos temas em destaque na arena política doméstica, podendo se tornar uma das "bandeiras" do novo projeto de governo.

Além destas dimensões, o autor aponta outras condições da política doméstica que aumentarão as possibilidades de mudança: a) política externa poderá ser utilizada para se diferenciar do governo anterior, sendo assim, a mudança será necessária e servirá a legitimar o novo projeto nacional proposto; b) mudanças nas condições estruturais (doméstica ou internacional) podem resultar em novas crenças e atitudes dos líderes, que passariam a defender a necessidade de mudança; c) reconfiguração dos grupos (políticos ou econômicos), que são a base da legitimação ou do poder do regime, pode abrir espaço para uma MPE.

Na abordagem institucionalista de Clemens e Cooks (1999), as mudanças nas condições, contradições internas e multiplicidade de visões não produzem automaticamente mudança nas ideias, uma MPE depende destas variações serem difundidas ou mediadas pelos atores. Assim, as possibilidades de adaptação dependerão das instituições passarem por processos de mudança como o aprendizado ou inovação. Complementarmente, a existência de contradições internas, disputas políticas, alternativas políticas disponíveis e falta de padrões nos procedimentos burocráticos aumentam a probabilidade dos câmbios nas condições resultarem em MPE.

O modelo cíclico de Rosati (1994) também apresenta uma argumentação importante quanto ao momento da MPE. Segundo ele, a interação entre Estado, sociedade e ambiente global produz um processo dialético em que a política externa "evolui por meio de diferentes ciclos ou fases durante o tempo: do período de estabilidade (ou equilíbrio), em que a continuidade tende a prevalecer, para um período de transição (ou desequilíbrio) no qual a mudança política é mais provável". (p. 223). O resultado desta interação é que irá prevalecer um dos dois padrões da política externa: – período de estabilidade, em que há equilíbrio e continuidade na política externa; – período de instabilidade em que há maior probabilidade de mudança.

Nos momentos específicos em que mudanças na sociedade e no ambiente interagem com o Estado, criam-se contradições no *status quo*, produzindo um período de transição, aumentando a probabilidade de redirecionamento na política. Isto ocorre com o aumento da diferença entre a política existente e as mudanças inevitáveis em curso na sociedade e ambiente. Se o governo falha em ajustar-se às mudanças no contexto, a contradição é explicitada, aumentando a probabilidade de paralisia política e a oposição interna. Tal contexto pode levar a uma crise política interna em os membros da sociedade começam a desafiar a legitimidade das políticas e atores defensores da ordem existente (ROSATI, 1994).

Este quadro em que há maiores chances de MPE seria caracterizado pelo aumento das tensões resultantes da falha do governo em se adaptar às mudanças que ocorreram na sociedade e no ambiente; seriam os momentos de crise e de instabilidade política, em que a legitimidade do sistema político é mais facilmente questionada pela sociedade e/ou dentro do governo, levando grupos a desestabilizar a política existente e propor novos temas à agenda.

Numa análise sobre os efeitos das democratizações (ocorridas na passagem da década de 1980 para 1990 em Taiwan e na Coreia do Sul) sobre a MPE, Park, Ko e Kim (1994) buscam identificar como uma mudança de regime pode levar a ruptura de uma política externa estabelecida. Segundo os autores, uma mudança no sistema de valores da sociedade, pode levar à quebra do regime autoritário, tipo de regime que, geralmente, utiliza ideologias para legitimar sua política externa (nacionalismo, segurança nacional etc.). A mudança na ideologia e nos valores afeta a relação entre Estado e Sociedade, assim como seus processos e estruturas políticas, podendo também ter impacto sobre os objetivos da política externa. Este processo também pode resultar na mudança da estrutura decisória, com aumento da participação popular e diminuição de poder do presidente. Assim, defendem que a tendência é que ocorra a diminuição da autonomia do Estado em relação ao público e aumento da autonomia em relação às elites sociais, levando a diminuição do controle do governo sobre a política externa, o que pode levar à redefinição de seus rumos. Por isso, a democratização resulta em mudanças nas estruturas e processos políticos, levando à divisão do poder entre vários atores da sociedade e instituições, e possivelmente à redefinição da política externa.

Como já comentado na seção anterior, Hagan (1989) também relacionou a mudança de regime com a MPE. Como visto, a mudança de regime explicaria quase metade das MPE, podendo ser um fator que explica diversos casos de MPE, mas sozinho não é suficiente, o que reafirma a necessidade de explicações multicausais. Mas, então, quais as condições aumentam a probabilidade de ocorrer MPE?

Com base no que já foi discutido, será argumentado que os câmbios nas condições, representados como fontes de MPE, teriam o efeito de quebrar os estabilizadores da política externa ou resultar em um descompasso muito grande as condições do ambiente e a política externa existente: estes momentos serão conceituados como janela política.

Entre as características destes momentos, em que há maior probabilidade de MPE, já abordamos: baixo grau de institucionalização, de apoio político e de comprometimento do governo com a política externa existente; alto grau de saliência dos temas de política externa na arena política doméstica (HERMANN, 1990); disputa política doméstica intensa em torno dos temas de política externa; grande variedade de alternativas políticas disponíveis (o que também está relacionada com baixas restrições do SI) (CLEMENS e COOKS, 1999); existência de uma crise, política e econômica, seja nos ambiente nacional como internacional (SCHRAEDER, 1994; GUSTAVSSON, 1999); momentos de descompasso entre a política externa e novas condições estruturais, resultante em contradições no *status quo* e quebra da legitimidade da política externa existente (GOLDMANN, 1988); mudança do regime político, que poderá levar a transformação na composição da unidade decisória de política externa em um grupo com crenças diferentes do anterior (HAGAN, 1989; HERMANN, 1990; PARK, KO, KIM, 1994); e, como ponto final, adicionamos outra possibilidade, quando um novo regime pode utilizar a MPE para diferenciar seu projeto nacional do anterior, resultando em uma relação estreita entre os objetivos da política externa com o projeto do novo governo.

A ideia de janela política foi retirada do artigo de Gustavsson (1999) que buscou este conceito na literatura de processos de reforma política, relacionado ao momento em que há oportunidade para introduzir reformas. A formulação original advém do conceito *spacewindows* de Kingdon (1984 *apud* GUSTAVSSON, 1999), que se refere aos períodos em que os atores políticos aproveitam uma conjuntura com alguma ou algumas das características já discutidas anteriormente, para inserir suas propostas políticas na agenda e persuadir outros atores a apoiar determinada solução para superar a inadequação da política externa existente em relação às condições do ambiente. As janelas políticas abrem e fecham, sendo assim, uma situação favorável é temporária, levando os atores interessados a realizar reformas almejadas o mais rápido possível; isto está de acordo com as ideias de Goldmann (1988) e de Volgy e Schwarz (1994), de que os redirecionamentos ocorrem de forma abrupta e rápida.

Em consonância com este raciocínio está a associação de Keeler (1993 *apud* GUSTAVSSON, 1998), que atenta para a importância de uma crise para que uma ação política extraordinária (como um redirecionamento na política externa) aconteça, pois as crises estão associadas com as noções de medo e urgência. Este cenário leva à "abertura" das estruturas institucionais, tornando possível para determinados atores menosprezar interesses e superar a inércia institucional, ou os estabilizadores, de um modo geral. Gustavsson (1999) considera que a possibilidade de sucesso para implantar uma MPE será aumentada se estiver relacionada com algum tipo de crise, que o autor especifica como tendo as seguintes propriedades: 1) percepção de ameaça a algum valor estabelecido; 2) incerteza quanto ao resultado; 3) tempo curto para ação.

Para sumarizar a discussão realizada nesta seção, serão listadas as condições em que a probabilidade de MPE é aumentada, momentos em que há maiores chances dos tomadores de decisões perceberem as fontes de mudança: 1) baixo comprometimento do governo com a política externa existente; 2) grande variedade de alternativas políticas na agenda (nacional ou internacional); 3) alta saliência da política externa na disputa política doméstica; 4) crise; 5) mudança de regime político, incluindo os casos de mudança dentro das regras estabelecidas.

Um ponto importante a esclarecer quanto às características que estão relacionadas com a configuração de uma janela política é o último. Sua condição singular aparece por ser este um condicionante de MPE que aparece independente das fontes – a alternância de poder ocorre em diversos regimes de forma programada. Por isso, uma MPE originada com a entrada de um novo líder, poder estar relacionada com a vontade do presidente em atuar em temas de política externa e devido a sua posição na estrutura decisória. Portanto, mais do que uma condição do ambiente que pode interferir na MPE, este fator pode aumentar as chances de MPE em quaisquer condições, mesmo que na ausência dos demais, um redirecionamento seja muito mais difícil de ocorrer.

Quem?

Sabendo quais os fatores que podem influenciar em prol ou contra uma MPE e os momentos em que tendem a exercer sua influência sobre os atores, podemos passar a analisar como os atores intervêm neste processo de modo a moldar a nova política externa por meio da interpretação das fontes. Este processo de tomada de decisões – considerado como uma variável interveniente modeladora – será definido pelas estruturas e regras que regem o processo decisório e que determinam as possibilidades dos atores em atuar em prol de uma MPE.

As abordagens baseadas nas correntes de APE buscam "abrir a caixa-preta" do Estado e analisar os "grãos finos do poder", determinantes na definição da política externa adotada (RYNNING e GUZZINI, 2002). Segundo este tipo de abordagem, podem-se escolher diversos enfoques e níveis de análise, mas o importante é construir a pesquisa em torno da variável dependente e especificar o modelo desenvolvido ou adotado de modo a evitar falhas metodológicas e relações causais simples. Serão discutidos alguns textos dentro de cada um dos níveis de análise – indivíduo, grupo, Estado – utilizados pela literatura de APE e que derivaram primordialmente dos trabalhos paradigmáticos já abordados neste capítulo.

A partir da definição de qual o tipo e a abrangência da autoridade decisória é possível definir o nível de análise mais adequado para cada caso específico. O conceito central utilizado pela literatura para analisar a unidade de análise do processo decisório é o de "unidade decisória última" (UDU – *"ultimate decision unit"*). Segundo Hermann e Hermann (1989), esta unidade é formada pelo(s) ator(es) que tem(têm) a habilidade de comprometer os recursos do governo em assuntos externos e a autoridade para evitar que outras entidades dentro do governo revertam sua posição sem custos significativos. Ao se analisar a UDU é necessário estabelecer alguns pressupostos: 1) unidade final de decisão pode variar de acordo com a área; 2) unidades de decisão com o poder de decidir podem optar por não fazê-lo; 3) alguns tipos de problemas aumentam possibilidade de uma unidade em particular exercer a autoridade (crises); 4) identificação da unidade decisória é uma tarefa dedutiva em que se buscam evidências para estimar a unidade possível.

O trabalho paradigmático que abriu o caminho para a discussão sobre o processo decisório foi desenvolvidos por Allison (1971) em sua análise da Crise dos Mísseis, episódio diplomático entre os EUA e a URSS, em 1962. O autor utilizou três modelos para explicar o comportamento dos atores e Estados envolvidos neste episódio.

O modelo I ou "ator racional" resume as premissas realistas sobre tomada de decisões em política externa. Esta abordagem considera que o ator é único e racional (Estado é uma "caixa-preta"), portanto "apolítico", e decide com base, unicamente, no "interesse nacional" (facilmente determinado e eficientemente perseguido). O modelo II ou "processo organizacional" considera que o grupo com autoridade em política externa é uma organização grande com laços fracos formada por atores múltiplos e quase independentes. A organização, de modo a garantir o estabelecimento de procedimentos rotineiros e a eficiência na tomada de decisões, é regulada por um conjunto de rotinas rígidas, os chamados SOP. O modelo III ou "política governamental" analisa o jogo de poder entre os principais conselheiros do presidente em temas de política externa. A estratégia nesta interação é considerada o resultado de manobras políticas e compromissos dos tomadores de decisões que disputam espaço político por terem diferentes crenças quanto à política externa adequada para o Estado. Sendo assim, o interesse nacional não é dado, a barganha burocrática é que o define, sendo resultado de uma negociação entre defensores, altamente especializados, de diferentes visões. Este texto foi inovador ao sistematizar e teorizar o papel da burocracia na política externa, por isso, foi alvo de diversas revisões e questionamentos metodológicos que levaram a reformulação e evolução de seus modelos e da área de APE.

Uma revisão crítica foi feita por Bendor e Hammond (1992) que evocaram cinco argumentos para demonstrar as falhas metodológicas dos modelos de Allison: 1) dificuldade em identificar as suposições básicas de cada modelo, levando à perda de seu poder explicativo; 2) hipóteses formuladas pelo autor não derivam diretamente de suas suposições iniciais; 3) proposições chave do modelo II são incorretas; 4) modelo bem elaborado deve ser balanço entre simplicidade e complexidade, sendo o modelo I muito simples; 5) modelos se baseiam em três correntes literárias (teoria da escolha racional, teoria organizacional e política burocrática), mas Allison não interpreta tão bem tais escolas, levando os modelos a não refletir exatamente o que tais correntes pregam.

Para analisar as possíveis tipologias de tomada de decisões, os autores elaboraram quatro suposições existentes nos modelos de Allison que seriam as variáveis chaves para definir a estrutura em que se desenvolve o processo decisório: a) número de atores; b) natureza dos objetivos dos atores; c) grau de racionalidade dos tomadores de decisão; d) informações.

A definição do modelo adequado para se analisar a estrutura do processo decisório deve considerar estes fatores para se adequar a investigar os estudos de caso.

Outro trabalho interessante neste tema é de Barbara Kellerman (1983) que propõe mais três modelos de tomada de decisões para complementar aqueles propostos por Allison. A autora baseia-se no reconhecimento do próprio Allison de que seus modelos são complementares entre si e que existiriam outras maneiras de analisar o processo decisório durante a Crise dos Mísseis.

O modelo IV ou "processo em pequenos grupos" seria utilizado para analisar unidades formadas por não mais de 20 pessoas identificáveis entre si, com o poder para decidir. Há conhecimento dos indivíduos sobre os valores e objetivos dos outros membros do grupo. Segundo a definição da autora:

> Decisões e ações são resoluções no sentido em que emergem de uma série de discussões contínuas e face a face entre pessoas poderosas com percepções, atitudes e interesses diferentes. A escolha que finalmente emerge depende em quem é aliado de quem no grupo [...] quais membros tem mais influência, que o papel o líder, onde ele(a) se situa, e qual opinião emerge ao final como a que mais representa a visão do grupo (KELLERMAN, 1983, p. 353. Tradução do autor)

Seu poder explicativo deriva da análise dos elementos do grupo, de sua estrutura, dos atores, da interação entre eles, de suas posições e preferências, de seu líder e da decisão em questão.

Os outros dois modelos desenvolvidos pela autora tratam do nível individual. No modelo V ou de "líder predominante", a decisão do governo é resultante da escolha individual de um líder político que atua de acordo com sua experiência, não podendo ser considerada completamente racional. Dois fatores chave devem ser considerados sobre a tomada de decisões do líder: 1) personalidade ou caráter do indivíduo, formada pelas suas preferências, habilidades, problemas, regras e estilo geral; 2) contexto político em que está operando no momento da decisão, em termos objetivos (tamanho de sua coalizão política e apoio nas casas) e em termos subjetivos (legitimidade política, carisma e apoio da opinião pública).

O modelo VI ou de "processo cognitivo" insere as limitações cognitivas dos políticos em momentos de tomada de decisões, que são vistas como escolhas restringidas pelas limitações sobre a objetividade e a habilidade: "A qualidade de uma decisão final dependerá de quão bem estamos aptos a lidar com limitações cognitivas, ineficiência, e defesas" (KELLERMAN, 1983, p. 363. Tradução do autor).

Visto que os modelos são complementares, o modelo VI nos parece adequado para enriquecer os modelos IV e V porque nos casos em que um pequeno número de pessoas (uma ou algumas) tem o poder de decisão, o fator cognitivo se torna mais determinante. Focaremos nestes, pois seriam adequados para analisar o caso brasileiro por se tratar de um sistema presidencialista, como é o brasileiro, em que o presidente é a autoridade responsiva pela política externa e a máquina estatal é organizada hierarquicamente com este indivíduo no topo.

Dado nosso objetivo de estudar a mudança nos rumos gerais da PEB, os atores com poder para comandar este processo são majoritariamente o presidente e seu ministro das relações exteriores. Mesmo sabendo que precisará de apoio político na arena política doméstica, serão determinantes na tomada de decisões apenas indivíduos muito próximos desse círculo restrito. Em relação à nossa variável dependente, um líder poderá agir em prol de um redirecionamento quando: 1) tiver interesse e envolvimento ativo em questões de política externa, sendo sua participação na política externa determinante (HERMANN, C., 1981); 2) o problema for visto pelo líder como essencial para a manutenção do regime; 3) a situação envolver diplomacia e protocolo de alto nível; 4) o problema em questão ser de interesse especial do líder (HERMANN *et al.* 2001).

No nível individual, algumas variáveis independentes devem ser consideradas para se explicar a política adotada por um Estado. Como as decisões são resultado da escolha de um ser humano, fatores psicológicos e cognitivos determinam o processamento das informações disponíveis ao líder no momento da escolha entre uma das opções disponíveis. A mente do tomador de decisões não é rasa, contém informações complexas e padrões, como crenças, valores, experiências, emoções, estilo, memória e concepções pessoais. Assim, todas suas decisões são enviesadas, tornando-se necessário considerar tais fatores como variáveis influentes sobre os resultados políticos, por isso, o tomador da decisão não pode ser tratado exogenamente (HUDSON, 2008).

No caso de líder predominante:"um único indivíduo tem o poder de fazer a escolha" (HERMANN e HERMANN, 1989, p. 363. Tradução do autor) e a autoridade para evitar que outros atores desafiem seus objetivos políticos sem custos significativos. Também engloba os casos em que a estrutura hierárquica burocrática está organizada com um indivíduo no topo.

O estilo de liderança pode determinar as práticas dos líderes: a) líderes dirigidos por objetivos interpretam o ambiente por meio de uma visão estruturada sobre suas crenças e valores, agindo de acordo com padrões pessoais e buscando direcionar a política externa o mais próximo de sua posição; b) líderes dirigidos pela situação são mais flexíveis e abertos, e definem suas posições de acordo com fatores, tais como o contexto e o posicionamento de outros grupos e instituições (HERMANN *et al.*, 2001).

O tipo de relação do mandatário com os contextos interno e externo poderá definir o tipo de liderança exercido. Pela combinação de três variáveis de controle desenvolvidas por Hermann *et al.* (2001), é possível estabelecer um estilo de liderança: (1) sensibilidade em relação às restrições do ambiente; (2) abertura à informação; e (3) motivação das ações e da busca por uma posição de liderança.

Estas variáveis são dicotomizadas, e a combinação destas características determina o tipo de atitude do líder. Sendo assim, em (1), se o líder for sensível (a), estará aberto ao posicionamento de seus constituintes em determinado problema, considerando opiniões diferentes e focando nos eventos caso a caso; por outro lado, se o líder for insensível (b) às restrições, buscará superá-las através da busca por soluções rápidas para conseguir controlar o processo de desenvolvimento da política externa. Em (2), se for (a), o líder buscará informações junto a assessores com expertise de modo a tomar uma decisão baseado em motivos fundamentados, se (b), buscará informações que justifiquem sua posição e assessores predispostos a uma visão similar. Em (3), (a) são aqueles interessados em construir consensos para obter apoio e garantir sua sobrevivência institucional, enquanto (b) buscam resolver problemas e implementar políticas, sendo motivados por sua ideologia e/ou interesses (HERMANN et al., 2001).

Assim, a combinação destas variáveis determina o estilo de liderança. Os tipos de liderança elencados pelos autores são: a) "*cruzaders*", desafiam as restrições política e estão fechados às informações, sendo os menos sensíveis ao contexto, busca criar uma *rationale* persuasiva para dar maior credibilidade a suas ações; b) "oportunistas", respeitam as restrições e estão abertos a informações, utilizam a barganha como principal ferramenta política, preferindo se abdicar de agir a tomar uma decisão que resulte na perda de apoio político; c) "estratégicos" e "pragmáticos", estão abertos ou fechados dependendo do modo como podem se beneficiar da situação – o *timing* é essencial para eles – de modo a alcançar seus objetivos correndo o mínimo risco possível (HERMANN et al., 2001).

Assim, se um líder for sensível ao contexto doméstico, a política externa resultante também será influenciada pelo mesmo. Farnham(2004) alega que para analisar as influências domésticas sobre a política externa deve-se considerar: as respostas que o tomador de decisões tem que dar ao contexto e como as características da política doméstica influenciam na decisão. Assim, o autor desenvolve sua análise em torno do conceito de aceitabilidade, que remete à ideia de que ações políticas efetivas dependem do ator obter consenso suficiente dentro desta arena. Para isto, o tomador de decisão faz, inicialmente, um cálculo em torno da aceitabilidade das possíveis alternativas políticas, descartando aquelas sem uma aceitação mínima, feito isso, buscará acomodar os interesses de grupos políticos com poder de decisão e, em último caso, realizará um *trade-off* para que a política seja implementada. Portanto, para que a política seja aplicada, deve-se pensar além de sua eficiência, é necessário considerar sua aceitabilidade.

Nesta mesma linha, George (1988) elenca três dimensões que devem ser consideradas para analisar uma tomada de decisão no nível individual: 1) *estilo cognitivo*, mente humana é vista como um sistema complexo de processamento de informações, os constructos mentais definem a percepção dos indivíduos, a interpretação de novas informações e a formação de respostas para novos problemas; 2) *senso de eficácia e competência*, está relacionada ao gerenciamento e à tomada de decisões, a habilidade do líder como político e sua visão sobre o papel de cada um de seus colaboradores diretos determinam sua definição da estrutura e do modo de atuação do Executivo; 3) *orientação em relação ao conflito político*, a atitude do líder em relação à política burocrática, junto com seu estilo e personalidade serão influentes no modo de relacionamento que o líder deseja que haja entre seus assessores e outras casas importantes no processo decisório em política externa.

Passando agora a discutir mais especificamente a UDU no Brasil, consideramos importante inserir as contribuições da literatura de PEB. Na estrutura brasileira para tomada de decisões em política externa, o ápice da cúpula decisória é o presidente e o ministro das Relações

Externas. Estes indivíduos tomam as decisões em temas sensíveis e com alta alocação de recursos (FIGUEIRA, 2009).

O Itamaraty possui forte autoridade decisória em temas de política externa. Apesar disso, não significa que o MRE tem monopólio sobre a formulação e execução da política externa.

No presidencialismo brasileiro,

> O parâmetro que regula os graus de liberdade ou autonomia relativa da diplomacia é a autorização presidencial, seja pela omissão ou delegação de poder – como nos governos de Médici e de Figueiredo – ou por afinidades de pontos de vista, como nos casos dos governos de Geisel e de Sarney. (LIMA, 1994, p. 32. Tradução do autor).

Portanto, a figura principal é a do presidente, mesmo que esta autoridade só será exercida se for esta a vontade dele. O desinteresse por questões de política externa de sua parte pode prontamente significar que o Itamaraty será o principal responsável pelo desenvolvimento das diretrizes básicas e execução da PEB. Assim, o primeiro passo para identificar a autoridade decisória em política externa dos períodos cotejados é analisar a postura do presidente em relação à definiçãoe execução das diretrizes externas.

Mesmo assim, o chanceler, geralmente alguém que não está anteriormente inserido em tal estrutura, possui certo grau de autonomia frente à corporação e o capital político para comprometer recursos em decisões próprias por sua relação política direta com o presidente (quem tem, no sistema político brasileiro, o direito de nomear todos os ministros de Estado). Não obstante, é seria adequado afirmar que o chanceler, mesmo sob ordens do presidente, tem total poder na formulação e execução da PEB, ignorando padrões institucionais de definição da política externa, já que a tradição e a continuidade são parâmetros historicamente evocados pela corporação diplomática para legitimar as decisões da Casa.

O Itamaraty tem poder de barganha nas decisões e na formulação conceitual da política externa graças à sua homogeneidade de pensamento, garantida pela doutrinação aos novos ingressantes por meio de sua escola de formação, sua tradicional competência em assuntos estratégicos de relações internacionais e seu prestígio como instituição, fatoresestes que desencorajam inovações conceituais divergentes das sustentadas pelo ministério (ARBILLA, 2000).

Segundo Maria Regina de Soares Lima (1994), a tradição e a história do MRE fazem com que fatores institucionais pesem na formação da política externa de três maneiras: 1) institucionalização de regras formais e informais no Itamaraty devido ao seu estilo de serviço civil clássico com padrões regulares de carreira, controle de recrutamento e sistema de treinamento; 2) grau de isolamento em relação ao ambiente político e social, com política setorial forte e estruturada; 3) formação das diretrizes baseadas nesta "política setorial" garante certa permanência no tempo dos paradigmas de política externa.

Considerando questões estruturais, Mariano e Mariano (2008) defendem que três fatores importantes garantem o caráter de insulamento do MRE. Em primeiro lugar, não existem canais institucionalizados de participação ou controle democrático, tornando difícil a adição de novas ideias e interesses na PEB. Em segundo lugar, o modo como a autonomia do Itamaraty é operada está relacionada com a postura do presidente, que pode delegar ou definir conjuntamente as diretrizes externas, levando a uma lógica de cumplicidade entre estes dois atores. Em terceiro lugar, as características da cultura política nacional e a legitimidade da Casa estabeleceram um aparente consenso interno em torno de um interesse nacional unitário e coeso.

De forma complementar, há utilização de mecanismos constitucionais pelo Executivo – tais como medidas provisórias e poder de veto, ou negociação de cargos políticos – para influenciar a tramitação de tratados e projetos de leis relacionados a temas de política internacional, no âmbito do legislativo; unido a isso, o último costuma abster-se de sua capacidade decisória e aprovar os acordos assinados pelo Itamaraty no âmbito internacional por meio de uma atitude chamada por Lima (2000) de "chancela automática".

Assim, o reconhecimento na competência do Itamaraty reforça o discurso de que a Casa é um ministério singular, em comparação aos demais, ou seja, "a corporação consegue difundir a imagem de possuir capacidade técnica específica imprescindível à atividade de representação externa" (MARIANO e MARIANO, 2008, p. 107). Segundo Vieira (2001):

> [...] o componente simbólico do legado diplomático [é um] elemento legitimador da força institucional da capacidade praticamente autônoma dos quadros burocráticos do Itamaraty de formular, implementar e perpetuar, ao longo do tempo, os paradigmas de inserção externa do país (p. 274).

O distanciamento da política externa em relação à dinâmica da política doméstica – em parte devido à natureza das questões que compõem a agenda externa – resulta no escasso interesse em cargos no Ministério pela remota possibilidade de obtenção de base eleitoreira (ARBILLA, 2000).

Outros fatores que teriam peso no tradicional insulamento do MRE, são apontados por Faria (2008): o arcabouço constitucional do país concede-lhe grande autonomia; longa vigência no país de um modelo introvertido de desenvolvimento acentuado por tendências histórico-geográficas; o caráter não conflituoso e largamente adaptativo da atuação diplomática do Brasil, o que reafirma o distanciamento de discussões públicas acerca dos temas de relações internacionais da esfera pública; precoce profissionalização da corporação diplomática.

Mas estes fatores institucionais e burocráticos servem de maneira mais direta para explicar os padrões de continuidade da PEB; estas características do MRE aparecem, dentro da discussão já desenvolvida, como estabilizadores da política externa. Como nosso objetivo é estudar momentos de MPE, torna-se necessário entender como se comporta a UDU nestes períodos específicos.

Assim, como fator influente na descontinuidade da PEB aparece a diplomacia de mandatários, casos em que há condução pessoal dos assuntos de política externa, fora da rotina e atribuições *ex officio*, pelo presidente. Este tipo de diplomacia está relacionado com o poder personalizado pelo chefe do executivo, por oposição ao poder das estruturas burocráticas do Estado, nas quais a diplomacia é paradigmática. A atuação do presidente dentro destes padrões ocorre devido a seu interesse na participação ativa em política externa e, geralmente, resulta de um cenário caracterizado por ameaças externas, crises, conflitos, projetos nacionais concorrentes, oportunidades e/ou ambições pessoais (DANESE, 1999); estas condições são semelhantes à janela política que discutimos anteriormente.

Segundo Danese (1999), a diplomacia de cúpula não atua nos padrões da tradicional (discreta, negociada), é mais pública e só existe como tal. A política externa fracassa quando a diplomacia presidencial perde sua funcionalidade interna,

> a política interna e a opinião publica são duas faces do mesmo vetor que orienta parte substancial da diplomacia de cúpula [...] decisões de política externa são tomadas levando em conta, em primeiro lugar, quando não exclusivamente, o interesse da política interna e as relações entre o mandatário e a opinião publica (p. 90).

Complementarmente, o segundo eixo da diplomacia de cúpula vai além da política doméstica e depende naturalmente de fatores ligados à política internacional e aos objetivos diplomáticos nacionais. O projeto da diplomacia deve estar ancorado em um projeto nacional, havendo uma ligação próxima entre as políticas externa e doméstica do governo. Este quadro, com predomínio do presidente na definição da política externa (ou pelo menos pela defesa pública das ideias intrínsecas a tal política), caracterizou os casos dos Governos Castello Branco – no combate ao comunismo e construção de um Estado liberal no Brasil – e Fernando Collor – na modernização estatal e inserção na economia mundial.

A localização específica do corpo diplomático na estrutura estatal permite a tal instituição manter-se como um grupo homogêneo e diferenciado dos restos das agências burocráticas. No entanto, a postura do presidente em relação à agenda de política externa e mudanças estruturais ou institucionais através da delegação de tarefas a outras agências ou transformações na hierarquia do Itamaraty são determinantes para analisar de que modo cada uma das partes influiu na determinação da política externa.

Portanto, para analisarmos os momentos de MPE, será necessário investigar a atuação do presidente e de seus assessores mais próximos ao interpretar as fontes de mudança e agir para promover o redirecionamento da política externa; esta será nossa UDU e variável interveniente modeladora. De forma complementar, investigar a atuação do MRE também é importante para constatar se realmente, os momentos de descontinuidade se concretizam através da marginalização do Itamaraty, como defende Lima (1994).

Por quê?

Talvez, a resposta mais difícil a ser encontrada seja esta, e não à toa, foi deixada para o final. As conclusões quanto a este aspecto de MPE, provavelmente, serão mais facilmente alcançadas após os estudos de caso. Esta dificuldade aparece porque os governos que implementam uma MPE, defendem a legitimidade desta ação com base na defesa do interesse nacional, um conceito que busca ter caráter de imparcialidade, mas que muda dependendo da interpretação dos representantes do Estado em determinado momento.

Ao se discutir os motivos que levam um governo a decidir por uma MPE, aparece uma resposta lógica: o objetivo de maximizar os ganhos. De acordo com pressupostos básicos da teoria realista, um Estado altera sua política externa como resposta a mudanças no SI e na interação com outros atores. No entanto, como nossa análise considera que os Estados não agem necessariamente em termos racionais e que fatores domésticos também têm um papel determinante na definição da política externa, as explicações para os motivos de uma MPE que buscamos são mais complexas.

Além de, frente à "abertura" de uma janela política, os tomadores de decisões interpretarem as fontes de mudança dos ambientes doméstico e internacional e buscar uma adequação da política externa, a MPE pode ter objetivos relacionados com a própria sobrevivência e/ou legitimação do regime ou com objetivos nacionais mais amplos.

O principal pressuposto que identificamos para justificar uma MPE é o seguinte: projeto nacional desenvolvido pelo governo tem como condicionante, a adaptação dos objetivos e/ou meios da política externa para obter sucesso. Isto é especialmente interessante para analisar MPE de Estados que não figuram entre as potências mundiais, casos em que ocorreu introdução tardia do processo de desenvolvimento levando o Estado substituir a iniciativa privada nos investimentos. Moon (1995) elenca algumas das consequências deste tipo de relação entre Estado e sociedade: 1) como maior empregador, o Estado tem interesses idênticos ao do capital privado, perdendo poder de atuação como árbitro no conflito de classes, por isso, a busca pela legitimidade deve ser conseguida de forma indireta, em muitos casos, buscada através da política externa; 2) política de Estado estará relacionada ao campo econômico, que dominará outros objetivos, especialmente aqueles de política externa, assim, há uma forte relação entre desempenho do governo com desempenho macroeconômico; 3) a estrutura de classes as e elites são formadas através da imposição levando a um processo em que o Estado não é o reflexo da sociedade, mas formador da sociedade através da determinação da criação de riqueza e da acumulação de poder, e transformando o Estado em principal força econômica.

Nestes Estados, a política externa aparece como uma ferramenta para alcançar imperativos do governo; a adoção de uma postura de alinhamento junto ao *hegemon* pode ter o objetivo de melhorar os fluxos de capitais e/ou buscar a transferência de tecnologia, fatores que seriam condicionantes para o sucesso de determinado projeto nacional.

De maneira complementar, a própria legitimidade de um governo pode estar atrelada à MPE; assim, pode-se tornar necessária a mudança do comportamento externo se este for o interesse de grupos políticos ou elites econômicas que apoiaram a ascensão de um regime, seja no caso do governo ter sido instaurado através de um golpe de Estado ou destes grupos terem participado do financiamento de campanhas eleitorais.

Outra justificativa que consideramos importante advém de nossos estudos de caso. Uma MPE pode ser implementada como forma de diferenciação ao governo/regime anterior. Este fator deve ser considerado porque a legitimidade de uma política nova deve estar atrelada a uma leitura de que a anterior não conseguia atingir os objetivos cotejados ou se basear na justificativa de que o antigo grupo no poder tinha uma "visão equivocada" do interesse nacional.

Na implementação de um projeto de política externa, segundo Hagan (1995), um regime tem que enfrentar dois jogos políticos domésticos: 1) *construir coalizões políticas*, buscar apoio na arena doméstica e alcançar consenso quanto à política externa a ser adotada; 2) *reter poder político*, regime trabalha para manter e aumentar a base política necessária para permanecer no poder. Sabendo disso, um projeto de MPE também pode estar relacionado com a busca de um governo em aumentar seu apoio político doméstico ou afirmar sua própria legitimidade como tal.

Estas justificativas parecem mais prováveis nos casos em que ocorre redirecionamento na política externa. Novamente, os casos de mudança mais branda, seriam facilmente justificáveis pela necessidade de se realizar pequenos ajustes destinados a maximizar os ganhos na arena internacional, enquanto as mudanças mais drásticas precisam de justificativas mais elaboradas para que não sejam facilmente questionadas – geram maiores controvérsias junto aos opositores e/ou ganham maior destaque na imprensa.

O esquema analítico proposto

No capítulo final de *Foreign Policy Reestructuring*, Hagan e Rosati (1994) analisam os avanços alcançados no livro e discutem três questões colocadas no primeiro capítulo: 1) o que é MPE? 2) quais as fontes de MPE? 3) Em que medida o estudo de MPE contribui para o entendimento da política externa e das relações internacionais?

A primeira e a segunda pergunta foram discutidas nas seções anteriores e serão retomadas a seguir. Quanto à terceira, apontamos algumas possíveis contribuições. Primeiro, a análise da MPE estuda um fenômeno ainda relativamente pouco explorado na literatura por tratar da exceção ao invés da regra; o foco sobre os momentos de MPE nos leva a pensar nos determinantes sobre a formação de um quadro característico em que a formulação e a implementação da política externa passam a ser exercidos de maneira diferente e, sendo assim, podem ter resultados também diferentes.

Segundo, este tema atenta para a necessidade de estudar os momentos de ruptura, principalmente na literatura nacional, em que predominam os estudos sobre a continuidade a partir de um olhar sobre as características políticas e institucionais que contribuem para tal característica. Terceiro, em relação à contribuição aos estudos de relações internacionais, aproxima-se da contribuição que a literatura de APE já deu à área: a necessidade em pensar em outros níveis além do SI ou das relações entre os Estados. Como vimos, no processo de MPE, fatores domésticos também são determinantes na decisão em redirecionar a política externa.

Além das duas primeiras perguntas apontadas acima ("o que" e "como"), as seções anteriores buscaram responder a outras perguntas que consideramos importantes para compreender o processo de MPE ("quando", "quem" e "por que"). Acreditamos que a partir da discussão realizada em torno destas questões será possível desenvolver um esquema analítico amplo para estudar casos de redirecionamento da PEB dentro de uma moldura teórica, possivelmente replicável.

A partir destes questionamentos formulamos o esquema para aplicar nos estudos de caso de MPE. Como já demonstrado, ele estabelece uma cadeia da relação esperada entre as variáveis discutidas neste capítulo, baseando-se na *Figura 1*.

A separação entre estas fases aparece com o intuito de diferenciar etapas do processo e identificar de maneira mais clara a influência de cada um destes tipos de variáveis sobre o resultado. Ao mesmo tempo, esta separação pode significar problemas metodológicos em três pontos, que serão discutidos a seguir.

Primeiro, corre-se o risco de estabelecer relações causais deterministas que poderão ser desmentidas por outros momentos históricos que não serão analisados neste livro; um exemplo interessante vem da Teoria da Modernização que estabeleceu uma relação causal entre condições histórico-sociais e o surgimento de um tipo de regime político (democracia) e passou a ser contestada após a modernização ter levado, em diversos países latino-americanos, à ascensão de regimes militares. Também é importante frisar que as variáveis especificadas são relativas ao caso brasileiro e que para outras aplicações, poderá existir a necessidade de adaptação. Além disso, as fontes e condições para mudança poderão variar e, mesmo se existentes, não levar a uma MPE.

Segundo, a subdivisão das variáveis independentes em três grupos abre espaço para um problema ontológico: a dificuldade em definir se os estabilizadores abrem espaço para a abertura da *janela política* ou se o processo ocorre na direção contrária, por meio de uma dinâmica na qual, condições do ambiente (caracterizadas como abertura da janela política) levam à quebra dos estabilizadores. Optamos pela segunda "ordem" por considerar que há uma relação próxima entre as fontes e a abertura da janela política. Parece haver uma lógica causal mais apropriada quanto consideramos que as *fontes* criam as condições para a mudança (janela política), condições em que os estabilizadores se tornam mais frágeis ou são quebrados, completando um quadro em que há grande probabilidade de ocorrer um redirecionamento na política externa.

O terceiro ponto se refere à definição do agente como uma variável interveniente modeladora. Para não cometer o mesmo erro metodológico de Hermann (1990) que considera o agente tanto como uma fonte de mudança (*leaderdriven*), quanto como um ator no processo decisório com poder para modelar/implementar uma mudança, optamos por alocar o agente apenas no grupo das variáveis intervenientes modeladoras, sendo ele um ator responsável pelo modo como as *fontes* são interpretadas e traduzidas na política externa resultante; para incluir a possibilidade dos agentes em agirem como defensores da mudança, adicionamos como uma das características da *janela política*, o interesse do líder em temas de política externa, que poderá ser um fator que aumenta as chances de MPE; de forma complementar, também aparece neste grupo a mudança de regime político, que identificamos como um momento em que há maiores chances de MPE, pela entrada do líder poder significar a entrada de um novo projeto na política externa.

A *figura 2* nos ajuda a entender melhor a lógica de funcionamento deste esquema analítico "entrada-saída" (*input-output*) e sintetiza a análise que foi feita neste capítulo do livro. As diversas fases e separações já foram explicadas acima; o *feedback* serve para lembrar que a MPE poderá ter efeitos sobre o ambiente doméstico e internacional, em relação ao segundo, o grau deste efeito será proporcional à relevância global do ator.

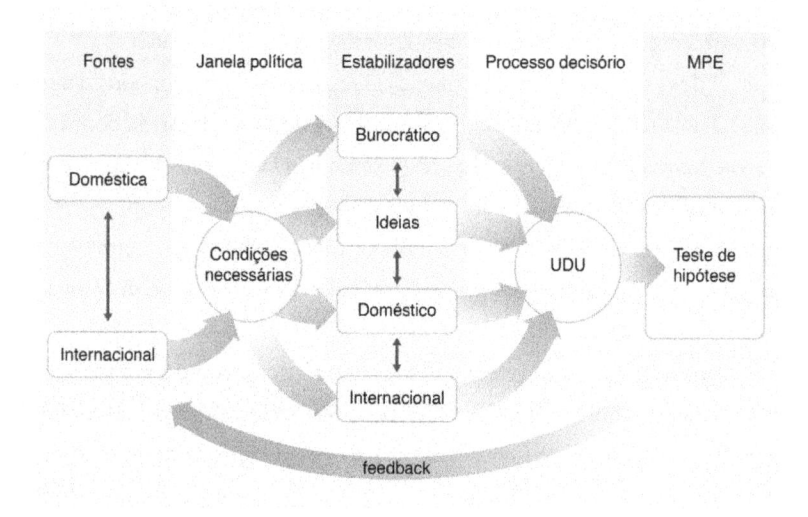

Figura 2

Capítulo II
Governo Humberto de Castello Branco (1964-1967)

Utilizando o esquema analítico desenvolvido para estudar os casos de MPE, serão discutidos dois Governos considerados por parte considerável da literatura brasileira como momentos de redefinição dos rumos externos. Os casos são os Governos Humberto de Castello Branco (1964-1967) e Fernando Collor de Melo (1990-1992). Após examinar estes dois mandatos presidenciais, será feita uma comparação entre eles para identificar padrões de atuação em momentos de MPE. Esta comparação final também servirá para analisar a validade e a eficiência do esquema proposto em contemplar, dentro de sua moldura teórica, os principais determinantes em casos de redirecionamento na PEB; também será analisado se as variáveis influentes no processo foram adequadamente identificadas e classificadas.

Sua aplicação será feita com base em sua própria lógica de funcionamento. Partindo das *fontes*, considerando os indícios de existência de uma *janela política*, a possibilidade de enfraquecimento dos *estabilizadores* e o papel dos atores em definir e tomar decisões em política externa, permeados pela leitura das *fontes* e influência das demais variáveis intervenientes. Por fim, será analisado o resultado e testada nossa hipótese de que houve redirecionamento na PEB nestes dois casos específicos. Serão seguidas as lógicas das *figuras 1* e *2*.

Fontes

Âmbito doméstico

Como especificado, iniciaremos a aplicação do esquema analítico, focando nas possíveis fontes dos cenários doméstico e internacional que teriam influenciado os tomadores de decisão a optar por uma MPE. Primeiramente serão consideradas as fontes domésticas. Elas estão separadas em dois grupos, que por sua vez, estão subdivididos, como especificado no capítulo anterior.

A primeira parte trata das fontes políticas e engloba três pontos. O ponto I deve ser discutido considerando diversas especificidades por se tratar da configuração do sistema político formado após um golpe de Estado, portanto, a política se desenvolvia ao mesmo tempo em que se definiam as regras. O governo formado após a tomada de poder pelos militares era composto por forças civis e militares. A eleição do presidente foi feita indiretamente pelo Congresso e se optou pela indicação de Castello Branco como candidato, por ele ter ampla aceitação nos círculos civis e militares. O nome do presidente eleito também tinha boa aceitação junto ao embaixador estadunidense, Lincoln Gordon.

Para analisar as relações políticas neste governo, é necessário considerar que as crises políticas nos regimes militares detêm uma especificidade característica, relacionada à instabilidade política oriunda das formas de governo militares: as contradições internas do regime manifestam-se dentro do aparelho militar, sem haver meios institucionais para administrá-las e o choque entre os dois grupos políticos caracterizava-se pela dinâmica da política intramilitar. Essa dinâmica nas relações políticas entre os militares resultou em dois processos: aprofundamento da militarização a cada momento que o regime se via ameaçado; cisão no seio das Forças Armadas (FA) nas crises político-militares (MARTINS FILHO, 1996).

Assim, logo após a instauração de uma nova ordem, a união de forças formada para derrubar o Governo João Goulart (1963-1964) dividiu-se em dois grupos. Isto só foi possível por meio da exclusão de apoiadores do governo anterior, o que resultou na retirada de um grupo do cenário político nacional, dado que apoiar o antigo regime já estava fora das possibilidade políticas dos atores.

Dessa forma, a política nacional ficou dividida, grosso modo, entre dois grandes grupos (MARTINS FILHO, 1996; SIMÕES, 2010; VIZENTINI, 1998):

(a) *Setor liberal, moderado ou legalista*: com orientações econômicas internacionalistas, grupo este chamado de "Castellista", por serem os apoiadores do presidente. Seus principais nomes eram: Juracy Magalhães, Juarez de Távora e Antônio Carlos Muricy. Em linhas gerais, tinha uma inclinação mais intelectualizada e era minoritário dentro das FA. Consideravam que a "Revolução" deveria ter curta duração e seu objetivo seria acabar com os grupos políticos comunistas e reformular o Estado em moldes liberais;

(b) *Linha dura, radicais ou ultras*: era composta por defensores do nacionalismo militar e da continuidade do regime para implementação do projeto de "Brasil potência". Suas principais bandeiras eram o protecionismo econômico para o avanço da industrialização e a estatização de setores estratégicos. Seus representantes mais expressivos: Costa e Silva, Médici, Joaquim Alves Bastos e Newton Oliveira e Cruz.

Apesar de Eduardo Cruz (2009) considerar a divisão dualista generalizante, por apontar a existência de uma corrente nacionalista dentro do grupo de Castello e um segmento ultranacionalista dentro da "linha dura", as forças políticas se agrupavam em torno destes dois grupos essenciais: os apoiadores do governo e a oposição que defendia o endurecimento do regime, o "aprofundamento da Revolução", e criticava a política econômica liberal de Roberto Campos. Longe de barrar iniciativas do governo, o grupo opositor pressionava para que Castello aproximasse as políticas em desenvolvimento de suas posições mais radicais.

Mesmo a Câmara encontrando-se dividida em quatro blocos parlamentares (PSD-PRP-PRT; PTB-PSB; UDN-PL; PSP e partidos pequenos), esta cisão não significava fragmentação política, já que, no dia 3 de maio de 1964, assinaram um Termo de Compromisso para constituir a maioria parlamentar apoiadora do governo, um grupo de, ao menos, 250 deputados dos segintes partidos: PSD, UDN, PSP e PDC, ou seja, membros de diversos destes grupos (BRANCO, 1977).

Além disso, a constante pressão dos militares da "linha dura" para expandir a cassação de mandatos e prolongar medidas de exceção levava diversas forças políticas moderadas a apoiarem o novo regime (congressistas apoiavam o governo pelo temor à cassação). Isto gerou uma lógica em que as opções eram: apoiar o regime mais brando, com um projeto de reformas e para futura convocação de eleições ou apoiar a radicalização do regime. Na maioria dos episódios de disputa de poder entre o Palácio e o Congresso, o Executivo saiu vitorioso, como o afastamento do governador de Goiás, momento em que houve negociação e protestos do PSD, mas os militares impuseram sua decisão sem muita rebeldia civil; na eleição do presidente da Câmara, o PSD buscou manter RanieriMazzili, mas foi formadoo Bloco Parlamentar Revolucionário e Bilac Pinto foi eleito, passando o comando da casa à UDN (BRANCO, 1977).

Segundo dados da ACLP *Political and Economic Database*, o número efetivo de partidos, (definido por $1/(1 - F)$, em que F= índice de fragmentação de partido) era "1" em 1964 e 1965, passando para 1,782em 1966 e 1967 (ALVAREZ *et al.*, 2003). O aumento no índice, provavelmente, reflete a mudança de postura de Carlos Lacerda, Governador da Guanabara – um dos mais importantes líderes civis que apoiou o novo regime – que passou a contestar o Governo de Castello Branco. Inicialmente, Lacerda atacou a política econômica e a postura moderada do presidente quanto às políticas de repressão aos políticos da esquerda. Em um momento posterior, devido ao adiamento das eleições marcadas para 1965, na qual tinha grandes chances de vitória, se uniu a outras lideranças civis, entre elas Juscelino Kubitschek, antigo adversário, para fazer oposição ao regime (BRANCO, 1977).

Feita esta breve análise do cenário político, podemos fazer algumas considerações sobre nosso ponto I. Em relação à fragmentação política, pode-se dizer que, apesar da bipolarização entre os dois segmentos encabeçados pelos militares, o apoio ao regime era amplo e a principal dissidência era quanto ao grau de radicalização do regime, ou seja, os dois grupos defendiam ideias semelhantes, sendo divergentes quanto ao grau em que estas deveriam ser aplicadas. A ascensão da oposição na figura de consagrados líderes civis não teve impacto político tão forte, já que as eleições foram marcadas da maneira como e no momento em que os militares quiseram, garantindo a entrada de um líder escolhido dentro das Forças Armadas. As discussões políticas recaíram mais sobre a questão da simultaneidade com as eleições estaduais e quanto ao ano das eleições do que sobre seu formato, de eleição indireta (BRANCO, 1977).

Quanto à vulnerabilidade do regime, três fatores devem ser considerados. Em primeiro lugar, como já discutido, as contradições internas do regime se manifestam dentro do aparelho militar, sem haver meios institucionais para administrá-las, assim, a dinâmica das relações políticas era, por natureza, instável. Além disso, as regras do jogo estavam sendo mudadas e as constantes declarações políticas do ministro da Guerra (Costa e Silva), espécie de porta-voz dos militares radicais insatisfeitos, geralmente de teor crítico ao Governo Castello Branco, agravavam a instabilidade. Por outro lado, as medidas de exceção implantadas pelo Ato Institucional nº 1 (09/04/1964) deram poderes excepcionais ao presidente, como a possibilidade de criar projetos de lei de iniciativa própria com prazo de 30 dias para análise do Congresso, a suspensão de garantias constitucionais ou legais de vitaliciedade e estabilidade, garantindo-lhe, assim, alguns mecanismos para manter se manter no poder.

Pode-se considerar que, apesar de alguns fatores de instabilidade, resultantes da condição de um regime recém-instaurado, as medidas adotadas pelos militares para garantir maior poder de decisão ao Executivo tiveram efeitos benéficos à governabilidade do regime, garantindo a este um alto grau de apoio político, mesmo que por meio da utilização de pressão psicológica sobre os mais exaltados da oposição. Com base nesta argumentação, consideramos que o regime, por seu alto grau de apoio político, teve maiores poderes para implantar uma MPE.

Passamos agora ao ponto II – mudança na composição social da elite. Não podemos afirmar que houve uma mudança significativa na composição da elite nacional, como aquela ocorrida na década de 1930, resultante do início da urbanização e da industrialização, mas a composição do grupo social que apoiava e era apoiado pelo novo regime mudou consideravelmente.

A elite que legitimava o poder durante o Governo João Goulart, era uma "aliança" que teria se desenvolvido desde os governos de Getúlio Vargas, chamada de nacional-populista, era composta primordialmente pela burguesia nacional autônoma, classe média urbana, massas populares, militares constitucionalistas e os chamados "militares vermelhos". Atrelada ao nacional desenvolvimentismo, essa coalizão defendia um projeto de desenvolvimento capitalista autônomo através da defesa da indústria nacional e luta contra forças imperialistas através de mecanismos como a Lei de Regulamentação de Remessa de Lucros (MARTINS, 1975b).

A mudança de regime significou o direcionamento da política para a contemplação de outros setores da sociedade, primordialmente, aqueles insatisfeitos com as medidas do governo derrubado e que apoiaram a "Revolução Redentora": a burguesia associada ao capital internacional, principalmente o estadunidense, os "[...] setores mais modernos da classe média urbana, o governo dos Estados Unidos e as elites burocráticas civis e militares que controlavam o aparelho do Estado no Brasil" (MARTINS, 1975b, p. 19). Estes grupos sociais passaram a legitimar o governo recém-instaurado.

Apesar da administração pós-1964 ser chamada de militar, houve predominância de civis, com "capacidade técnica", nos ministérios e órgãos administrativos. Estes civis eram empresários e tecnoempresários ativistas do complexo IPES/IBAD (Instituto de Pesquisas e Estudos Sociais e Instituto Brasileiro de Ação Democrática)que ocupavam setores-chave da administração do Estado. Estes "tecnoempresários" tinham nos militares o apoio político para implementar o "projeto modernizante-conservador" e assumiram a formulação das diretrizes políticas do governo. Assim, formou-se uma elite governante com diretores de corporações multinacionais, administradores de empresas privadas, executivos estatais da tecnoburocracia e oficiais militares (DREIFUSS, 1983).

Outro órgão importante, constituinte desta rede, era a Escola Superior de Guerra (ESG), que servia para disseminar estes valores em seminários destinados à elite, efetuados em associações comerciais, industriais, e clubes sociais de prestígio. Além dos membros desta casa que teve grande poder de influência no Governo Castello Branco, como Golbery Couto e Silva, Ernesto Geisel, Aurélio de Lyra Tavares e os Generais Cordeiro de Farias e Juarez Távora, membros do complexo IPES-IBAD, como Octávio Gouveia de Bulhões, Juracy Magalhães, Roberto Campos e Antônio Delfim Netto, ocuparam os mais altos cargos estatais de 1964 a 1967. Roberto Campos tornou-se o civil mais importante do governo ao ser nomeado ministro do Planejamento, tendo se rodeado de assessores oriundos do IPES e formado uma equipe que desenvolveu o Programa de Ação Econômica do Governo (PAEG), a base do projeto de política econômica do Governo Castello Branco (DREIFUSS, 1983). A ESG, em conjunto com o IPES e o IBAD, formulou a Doutrina de Segurança Nacional e Desenvolvimento, conjunto de ideias que defendia a formação de um aparato burocrático apto a coletar informações e planejar política e economicamente os programas governamentais. Essa rede civil-militar tinha também como função disseminar esta ideologia (MARRA, 2000).

Se analisarmos a nova política econômica pós-1964 e o tipo de política externa atrelada a ela, identificamos facilmente a influência destes grupos na elaboração e implementação de um novo tipo de *projeto nacional*. Defendemos a hipótese de que uma mudança significativa nas elites legitimadoras do governo também poderia ser uma variável influente sobre a MPE.

Considerando o conteúdo do último parágrafo, passamos ao ponto III: link da política externa com outras políticas nacionais. Esta esfera das fontes da política doméstica está relacionada à possibilidade de adequar a política externa a outras políticas públicas, constituintes de um projeto de escopo nacional.

Esta relação pode parecer, mas não é óbvia; além do tradicional insulamento da política externa de outras políticas públicas, a primeira também pode ser utilizada como um meio de contrapor a política doméstica, como foi no Governo Jânio Quadros (1961) (VIZENTINI, 2008).

No Governo Castello, a política externa constituía parte de um programa amplo defendido pela elite apoiadora do novo regime, agrupada em torno de um projeto político direcionado a um tipo de desenvolvimento específico. Como já dito, a ESG estava ligada a este grupo e possuía uma visão específica do cenário internacional. A Escola, criada – pela Lei nº 785 de 1949 com o intuito de ser um instituto de altos estudos – por oficiais das FA após a Segunda Guerra Mundial, tornou-se um reduto para discussão de geopolítica. No entanto, sua ideologia estava intimamente atrelada àquela desenvolvida nos Estados Unidos já que os dois veículos cruciais no projeto de educação e treinamento eram: viagens anuais de turmas aos EUA para formação dirigida e o complexo político de acordos militares Brasil-EUA, como o Programa de Assistência Militar e o Acordo de Assistência e Defesa Mútua (DREIFUSS, 1983).

Algumas importantes medidas do Governo Castello tiveram inspiração esguiana, tais como: a criação do Serviço Nacional de Informações (SNI) pelo Decreto-Lei nº 4.341 (13/06/1964), um "pedido" feito por Golbery (chefe do serviço) em 1955, em uma publicação intitulada *Planejamento Estratégico*; o Decreto-Lei nº 314/1967 sobre a Lei de Segurança Nacional (LSN) que transpôs para o âmbito doméstico o conceito de defesa nacional; o Decreto-Lei nº 200/1967 sobre a Reforma Administrativa (MIYAMOTO e GONÇALVES, 1993). O próprio Castello Branco apontou, no discurso da entrega de diplomas da Carreira Diplomática (31/07/1964), a completa associação existente entre a política doméstica e a política externa, que teve seus objetivos atualizados para que fosse instrumento complementar no desenvolvimento do Brasil (MRE, 1966b).

Além destes, também passou a ser base normativa da PEB a Doutrina de Segurança Nacional (DSN), que pregava a necessidade de combater o comunismo internacional no âmbito interno e externo, e a Teoria dos Círculos Concêntricos, que interpretava a segurança nacional a partir de "camadas" que deveriam nortear a atuação do Brasil: o primeiro círculo englobava a América Latina e apontava para a necessidade de integração, o segundo o sistema interamericano, justificativa para a atuação brasileira na Força Interamericana de Paz e o terceiro, o Atlântico Sul sendo peça chave para garantir a segurança da imensa costa brasileira. Ambas teorias tiveram sua origem na ESG (MIYAMOTO, 1993).

Além de considerar como essencial para a segurança nacional a defesa interna contra insurgências comunistas, a DSN também pregava a necessidade de se desenvolver um sistema de defesa coletiva para combater o mesmo mal. Por isso, a política de segurança estava atrelada à política externa. Para formar a aliança com os Estados Unidos, seria necessário reconhecer a divisão internacional de funções entre os membros da Aliança Ocidental, atrelando esta postura externa também à política econômica de desenvolvimento associado (MARTINS, 1975a).

Estes fatores servem para demonstrar que a política externa desenvolvida durante o período Castello Branco, além de ser idealizada nos mesmos círculos sociais e pelos mesmos que formularam o projeto de desenvolvimento nacional, tinha seus objetivos atrelados a este projeto mais amplo. Isto seria um indicador de que existia uma forte relação entre a política externa e o projeto político nacional e de que a implantação de um novo "projeto nacional" teve influência sobre a resultante MPE.

A segunda parte das fontes domésticas trata dos temas econômicos e engloba duas categorias. A primeira busca analisar a situação econômica nacional, considerando os principais indicadores. No intervalo analisado consideramos também os dois anos anteriores ao Governo Castello Branco para identificar algumas tendências; como o objetivo é identificar um contexto de crise como uma fonte que influenciou em prol de uma MPE, o cenário encontrado pelos tomadores de decisão assim que passaram a constituir a UDU é determinante na definição das linhas de atuação internacional destinadas a sanar os problemas econômicos nacionais.

Os dados da ACPL permitem-nos tirar algumas conclusões sobre a situação econômica no momento de transição. A taxa de inflação apresentava uma tendência de crescimento. Já bastante alta em 1962 (51,84%), cresceu em 1963 (70,08%), atingindo um pico em 1964 (91,88%); sendo assim, o cenário encontrado por Castello Branco era de alta inflação e de piora crescente neste indicador. Talvez como resultado das medidas adotadas por sua equipe econômica, esta taxa baixou, chegando a 30,46% no final de seu mandato (ALVAREZ et al., 2003).

Apesar de bons índices de crescimento do PIB, as altas taxas de crescimento populacional, à época, distorcem este indicador. Em termos absolutos, a tendência do PIB era de crescimento: 6,6% (1962); 0,6% (1963); 3,4% (1964); e 2,4% (1965). Por outro lado, a taxa de crescimento da renda per capita apresenta uma trajetória de deteriorização. Apresentou uma considerável queda de 1962 (3,5%) a 1963 (-2,3%), continuando em baixa em 1964 (0,4%) e 1965 (-0,5%) só voltando a ficar consideravelmente positiva em 1966 (3,7%). Assim, o PIB real per capita caiu, em valores de dólares estadunidenses de 2010, de US$ 1.361 a US$ 1.328 entre 1962 e 1965, voltando a subir em 1966, quando atingiu US$ 1.378 (REIS, 2007).

O que podemos constatar após analisar estes dados é que a economia apresenta uma tendência de queda e de instabilidade. Um dado que confirma o cenário de crise doméstica são os indicadores internacionais: em 1962 o mundo cresceu, em média, 3,15%, alcançando um pico em 1964 de 5,39% e depois desacelerou seu crescimento a partir de 1965 (3,79%), caindo para 2,59% em 1967 (ALVAREZ et al., 2003).

O cenário brasileiro era inverso ao internacional, ou seja, mesmo com o mundo crescendo, o Brasil apresentava dados de alta inflação, taxas de crescimento inferiores ao crescimento demográfico e, portanto, queda no PIB per capita; estes indicadores demonstram a gravidade da situação econômica nacional, podendo ser caracterizada como um cenário de instabilidade econômica. O argumento defendido é que, frente a indicadores econômicos ruins, os tomadores de decisão considerariam importante promover mudanças na política externa para superar tal situação.

A segunda categoria econômica se refere às condições institucionais das relações econômicas no mercado doméstico. Grande parte das medidas para estabilização econômica adotadas pela equipe de Roberto Campos, ministro do Planejamento e organizador do PAEG, buscava restabelecer uma boa relação com os investidores internacionais, dessa forma, diminuindo o volume de incentivos do governo anterior ao empresariado nacional, de cunho mais nacionalista. O fato de Roberto Campos ser sócio da Consultec, empresa de consultoria para empresas privadas multinacionais e "integrante" da rede de contatos do complexo IPES-IBAD, serve para dar uma ideia da aproximação do Estado com o capital internacional (DREIFUSS, 1983).

Além de adotar este modelo, intitulado de "desenvolvimento associado", seu governo criou uma série de instituições financeiras com o objetivo de regular as relações econômicas e financeiras e atrair capital internacional. A Lei nº 4.595/1964 criou o Conselho Monetário Nacional e o Banco Central da República do Brasil, destinados a conduzir a política monetária de forma independente de disputas políticas domésticas. A Lei nº 4.728/1965 reformou o mercado de capitais e redefiniu as regras de atuação dos agentes financeiros. O objetivo alegado pelo governo para as reformas era regular a economia, seguindo critérios de racionalidade e técnico-científicos, bem como garantir um cenário adequado para atrair a entrada de investimentos externos.

Estas medidas alteraram o modo e o marco institucional das relações entre empresas e governo; as medidas teriam buscado regular o mercado, tornando-o adequado para o desenvolvimento do capital privado. Além disso, alteraram uma tendência nacionalista do governo anterior, ao revogar artigos da Lei de Remessa de Lucros e ao cortar subsídios a produtos como o trigo e o petróleo e setores da indústria nacional. Nossa hipótese é que uma mudança neste tipo de relação Estado-mercado poderia ter influência na política externa; a política comercial seria direcionada para fortalecer um novo modelo de desenvolvimento nacional.

Âmbito Internacional

Primeiro, analisaremos a configuração do SI que, em 1964, era bipolar e não passava por nenhuma mudança estrutural, a distensão nas relações EUA-URSS ainda não se configurava; por isso, classificamos o SI como "bipolar estático". Este tipo de sistema teria como resultado esperado a continuidade da política externa já que havia menos espaço para mudança frente à estabilidade e rigidez de sua configuração, além da dificuldade em achar alternativas políticas em um cenário dominado pela existência de apenas "dois caminhos".

Mesmo que a hipótese inicial para analisar a MPE, em um cenário internacional marcado pela rigidez, seja de provável continuidade da política externa, a opção brasileira anterior ao Governo Castello Branco, aparecia, face à polarização global, como uma política de diversificação de parceiros ("globalismo"). Sendo assim, mesmo que a hipótese inicial seja de que um SI bipolar estático seria uma restrição à MPE, no caso analisado, a política de forte aproximação aos Estados Unidos aparece como uma escolha incentivada por esta fonte, já que a política anterior ia contra aquela incentivada pelo líder do bloco Ocidental, do qual o Brasil estava sob direta influência e pressão.

Esta disputa bipolar também deve ser considerada ao pensarmos o ponto II. O *momentum* internacional analisado é considerado por Cox (1996) como uma ordem internacional liderada pela hegemonia estadunidense (1945-65). Neste cenário dominado por um poder hegemônico, as organizações internacionais teriam o papel de legitimar tal poder através de cinco papeis: 1) corporificando regras que facilitam a expansão de ordens hegemônicas; 2) sendo produto de uma ordem mundial hegemônica; 3) legitimando ideologicamente as normas desta ordem; 4) cooptando as elites de países periféricos a se adequar a tais regras; 5) combatendo ideias contra-hegemônicas. Estas organizações incorporavam regras que facilitavam a expansão das forças econômicas e sociais dominantes.

Sendo assim, o principal papel das OI neste cenário seria atrair os países a seguir normas originárias do principal centro de poder que também era o principal financiador destas instituições. Isto pode ser bem exemplificado pela pressão que sofreram os Estados que buscaram uma atuação internacional independente da lógica bipolar da Guerra Fria, como o Brasil nos Governos de Jânio Quadros e de João Goulart. Em busca de um modelo de atuação "globalista" e de diversificação de parceiros, foram considerados pelos EUA como "dissidentes" do bloco Ocidental (VIZENTINI, 2008).

Baseando-se nestas considerações, defendemos o argumento de que as normas e instituições internacionais atuaram neste período em forma de pressão para que os países se alinhassem a um dos eixos da Guerra Fria. Uma forma de atuação independente como a proposta pela Política Externa Independente (PEI[1]), não era vista com bons olhos pelos Estados Unidos, que pressionava países periféricos como o Brasil a se alinhar.

A Revolução Cubana (1959) influenciou a política externa dos Estados Unidos para a região. Apesar dos programas de assistência militar terem sido iniciados no começo da década de 1950, a ascensão de um governo de esquerda na América Latina levou a potência mundial a intensificar tal política. Assim, o governo estadunidense mobilizou seus recursos, até mesmo através de intervenções militares, para tentar colocar no poder elites nacionais simpatizantes aos seus objetivos. Em linhas gerais, apoiou regimes de cunho anticomunista para garantir a manutenção do sistema capitalista neste imenso mercado para seus produtos através de programas de assistência militar que tinham como objetivo primordial manter uma postura cooperativa dos Estados do continente (HOLDEN, 1993).

Passamos agora ao terceiro ponto: fatores regionais. Primeiro, em relação à possibilidade de existência de "ondas" de MPE no subcontinente. Tal processo pode ter se caracterizado em alguns países do continente em

---

1   Tinha como premissas centrais: busca de diversificação dos parceiros comerciais, o caráter pragmático, a pormenorização das questões ideológicas, a postura independente em relação aos países centrais, a ênfase nas relações Sul-Sul (CERVO e BUENO, 2002), além disso, "... tinha como princípios a expansão das exportações brasileiras para qualquer país, inclusive os socialistas, a defesa do direito internacional, da autodeterminação e a não-intervenção nos assuntos internos das outras nações, uma política de paz, desarmamento e coexistência pacífica, apoio à descolonização completa de todos os territórios ainda dependentes e a formulação autônoma dos planos nacionais de desenvolvimento e encaminhamento de ajuda externa." (VIZENTINI, 1998, p. 22).

linhas parecidas com o modelo brasileiro de aproximação e de desenvolvimento associado junto aos Estados Unidos. Alguns exemplos: golpe militar na Argentina em 1962 tira Arturo Frondizi do poder; Juan Bosch é deposto na República Dominicana (1963), com apoio dos Estados Unidos; Idiogoras Fuentes na Guatemala e Villeda Morales em Honduras também foram depostos por golpes militares no ano de 1963. Estes processos foram semelhantes ao brasileiro, com ascensão de regimes autoritários apoiados por grupos financeiros internacionais e elites tradicionais, estes, contrários a movimentos de reformas estruturais que poderiam ferir seus interesses, como propostas de reforma agrária ou nacionalização de empresas (AYERBE, 1992).

Nossa hipótese é que, a partir destas políticas de pressão e interferência estadunidenses, a ascensão destes grupos de direita teria influenciado os processos de MPE, em especial naquele observado no Brasil.

Em relação às fontes econômicas, no momento do inicio do novo regime, a economia brasileira caminhava no rumo oposto da global; a taxa de crescimento mundial aumentava a 3,15% em 1962, alcançando um pico de 5,39% em 1964, mantendo crescimento a uma taxa de 2,59% em 1967 (ALVAREZ et al., 2003).

O cenário encontrado pelo Governo Castello Branco foi de crescimento mundial e de recessão doméstica. A conjuntura econômica mundial, portanto, não era de crise, o que inicialmente, nos levaria a pensar que as fontes influenciariam em prol da continuidade da política externa, mas o descompasso da economia doméstica com a mundial aponta para maior probabilidade de MPE; mudanças teriam que ser feitas para que o Brasil passasse a "participar" no crescimento mundial. Nosso argumento é que o objetivo de superar o cenário doméstico ruim e aproveitar o crescimento econômico global levou o governo a implementar uma MPE.

Tanto que, logo de início, o embaixador José Sete Câmara, chefe da delegação brasileira que deveria negociar o reescalonamento da dívida externa brasileira, reuniu-se com credores do "Clube de Haia",[2] estando presentes na negociação, oficiais do Banco Mundial (BM) e do Fundo Monetário Internacional (FMI); o objetivo era encontrar meios de postergar as parcelas de US$ 1038 e US$ 435 milhões a vencer, respectivamente em 1964 e 1965 (DULLES, 1983).

Como resposta, Gordon Lincoln anunciou em Washington um aumento dos empréstimos ao Brasil de 50 para 150 milhões de dólares, além de outros 100 milhões da *United States Agency for International Development* (USAID – Agencia dos Estados Unidos para Desenvolvimento Internacional) para projetos específicos de desenvolvimento.

As condições institucionais foram favoráveis ao Brasil após a mudança de regime, já que os credores, insatisfeitos com os rumos do governo anterior, mostraram-se abertos para o novo governo que adotou medidas para agradar o capital financeiro internacional, como a reforma na Lei de Remessa de Lucros e a implantação de uma política antiinflacionária. A entrada de um regime alinhado aos interesses de Washington também significou uma melhora nas relações bilaterais. A queda de Goulart agradou o governo estadunidense, que passou a atuar junto às instituições financeiras internacionais para facilitar o pagamento da dívida externa, já que o novo regime se mostrou disposto a tal.

Esta postura de "boa vontade" dos Estados Unidos só mudou, gradualmente, a partir da adoção do AI-2. Mesmo assim, o endurecimento do regime não significou um afastamento imediato nas relações bilaterais. Isto ocorreu, provavelmente, mais determinantemente devido à política externa do Governo Costa e Silva, que retomou traços nacionalistas (BRANCO, 1977). Durante a Guerra Fria, o fato de um regime ser autoritário não significava necessariamente problemas para seus líderes em manter relações com Washington, que apesar de sua retórica de proteger o mundo livre,

---

2   Grupo formado Alemanha Ocidental, Áustria, Bélgica, França, Holanda, Itália, Luxemburgo e Reino Unido, credores da dívida externa brasileira no período.

considerava mais importante a postura anticomunista do que o regime ser democrático (GLEDITSCH e WARD, 2006).

Assim, a ajuda financeira no início do regime voltou a crescer, revertendo uma tendência de pausa no crédito resultante das medidas nacionalistas de Jango: após cair para US$ 38,7 milhões em 1963 e US$ 15,1 milhões em 1964, aumentou drasticamente em 1965 e 1966, alcançando valores, respectivamente, de US$ 122,1 e 129,3 milhões. Os investimentos privados também aumentaram devido às mudanças implantadas pelo presidente caserna, que garantiram os direitos das empresas estrangeiras no país, subindo entre 1963 e 1968, de US$ 169 milhões para US$ 481 milhões (AYERBE, 1992). Apesar destas condições favoráveis, os termos de troca internacionais deterioraram-se para o Brasil. Entre 1950 e 1967, para cada dólar investido, US$ 3,27 foram remetidos ao exterior, resultando em desequilíbrios na balança de pagamentos.

A aproximação aos EUA e as linhas da política econômica do Governo Castello Branco resultaram em uma postura mais aberta das instituições financeiras internacionais, que deram espaço para oficiais brasileiros renegociarem a dívida e pedirem novos empréstimos. Sendo assim, as condições econômicas internacionais no início do novo regime – dado, também, às boas relações do grupo no poder com o embaixador dos Estados Unidos no Brasil, Gordon Lincoln – apontavam para um cenário adequado à busca de capital financeiro internacional para superar a crise econômica doméstica. O principal problema era o déficit corrente na balança de pagamentos que dificultou a total recuperação econômica. O descompasso do cenário econômico doméstico com a expansão econômica internacional teria apontado para a necessidade de rever a política econômica e comercial, com influência no comportamento brasileiro no SI, principalmente nas relações bilaterais com os EUA.

Condições para a mudança na política externa

Janela política

Com base na análise das fontes, podemos identificar diversas condições que apontaram para abertura de uma janela política. Este seria o momento em que há maior probabilidade de MPE. Seis características foram listadas no esquema proposto e analisaremos aquelas que se configuraram dado à influência das fontes.

(1) *Baixo comprometimento do governo com a política externa existente.* Esta condição é mais do que clara desde o início do novo regime. O relatório do MRE de 1964 demonstra esta posição do novo governo: "um dos primeiros passos do Governo da Revolução foi verificar o curso sinuoso que, sob rótulos variados, desgarrava de nossa tradição diplomática e fugia dos princípios básicos de nossa formação histórica" (MRE, 1964, p. 3). No ano seguinte, a introdução do relatório sublinha que o Itamaraty contribuiu com o esforço de recuperação nacional, ao mesmo tempo em que buscou cumprir as diretrizes de política externa restabelecidas pelo "Governo da Revolução" (MRE, 1965).

O comprometimento do novo regime com a política externa em curso era baixíssimo, porque sua própria legitimidade, assim como a justificativa para o golpe de Estado, estavam atreladas à luta anticomunista. A PEI era criticada por ter resultado em uma aproximação aos países socialistas, mesmo que com fins econômicos e não políticos.

Além de criticar o afastamento dos EUA, também foi adotada a leitura do SI a partir da lógica Leste-Oeste, em substituição a Norte-Sul; foi feita uma releitura do conceito de autodeterminação, sendo que o regime caserna passou a considerar tal princípio apenas para os "adeptos da democracia e da liberdade"; o conceito de interdependência também foi relativizado, passando a ser aceito certo grau de interdependência por se considerar isto necessário à segurança nacional (VIZENTINI, 1998). Em outras palavras, as bases conceituais da política externa anterior foram desconstruídas pelo novo regime – a PEI estava muito atrelada ao governo deposto – baseando--se na justificativa de que a antiga política tinha como objetivo se aproximar dos países socialistas, enquanto o regime caserna considerava uma das metas da política externa a luta contra o comunismo internacional.

(2) A agenda internacional e doméstica não apresentava uma grande *variedade de alternativas políticas* para a política externa. Como já foi afirmado, o sistema bipolar da Guerra Fria pressionava os países da periferia a se alinhar a um dos eixos. A polarização era tamanha que uma postura de não--alinhamento a nenhum dos pólos, como a PEI, era vista como de "perigosa aproximação" ao bloco soviético.

Além da limitação estrutural da própria agenda da PEB, resultante do poder militar e econômico restrito e dos recursos escassos que a diplomacia tinha à disposição, "pressões política e econômicas por parte dos Estados Unidos a favor do alinhamento incondicional aos ditames da Guerra Fria delimita[ra]m um campo de ação com poucas alternativas políticas" (AYERBE, 1992, p. 83).

Por questão de "bom senso", a opção socialista não estava entre as alternativas da agenda política brasileira. Como resultado, as alternativas político-econômicas internas também estavam polarizadas entre outros dois modelos: uma corrente desenvolvimentista que apostava na industrialização nos setores de infraestrutura e bens de capital para crescer economicamente; e uma corrente liberal, que defendia a especialização nacional dentro da lógica das vantagens comparativas. Sendo assim, visto que uma aliança junto ao eixo socialista estava fora de questão, as opções disponíveis eram escassas. Todavia, esse condicionante não teria restringido a MPE porque a opção alternativa disponível ao novo regime era exatamente aquela defendida pelo grupo militar de Castello, instrumentalizada através da aproximação aos EUA e ao Bloco Ocidental.

(3) No início de 1964, período antes do golpe de Estado, a política externa havia se tornado um *tema de alta saliência na política doméstica* por ser um dos pontos mais criticados pela oposição e posteriores apoiadores do novo regime. Além do Controle de Remessas de Lucros e a promessa de Reformas de Base, medidas consideradas pela oposição como de cunho esquerdista, a política externa era abertamente criticada por sua falta de comprometimento com a agenda do bloco capitalista e constantemente acusada de ter como objetivo se aproximar dos regimes socialistas.

A alta saliência do tema da política externa na arena doméstica seria um determinante para o novo governo realizar uma MPE. Visto que o último foi formado por membros da oposição que criticavam abertamente a atuação externa anterior, a própria legitimidade do governo estava atrelada à necessidade de imprimir novos rumos à política externa.

(4) Uma das principais características da *janela política* levantada pela literatura de APE refere-se ao *cenário de crise*; no âmbito doméstico, o Brasil perpassava por crises política e econômica. Se por um lado, o contexto econômico internacional era de crescimento, por outro lado, a deterioração nos termos de troca dificultava a superação de problemas econômicos nos países latino-americanos; na esfera política, a Revolução Cubana significou mudanças na política externa dos Estados Unidos para a região que buscou restringir políticas autônomas de distanciamento da disputa bipolar.

Mesmo assim, o âmbito que é mais determinantemente identificado com condições de crise é o doméstico. Na esfera política, a instabilidade era tão alta, devido ao crescente descontentamento das elites com o Governo Jango, que o resultado foi a derrubada do presidente por vias extralegais. A quebra do regime político, por meio do golpe de Estado, configura-se como a pior crise política a ser enfrentada por um regime democrático. A polarização e a radicalização dos atores políticos também aparecem como indicadores da instabilidade política. Adicionalmente, as medidas de exceção decretadas pelo regime militar e a lógica das crises política nas ditaduras militares, sem meios institucionais definidos para administrá-las, completam este cenário de crise.

Na esfera econômica, os indicadores confirmam um cenário econômico ruim, sendo que, os anos de 1963, 1964 e 1965 podem ser considerados como de recessão econômica com decréscimo da renda per capita. Em números absolutos, como já indicamos, o PIB que havia crescido 6,6% em 1962, subiu apenas 0,6% em 1963, 3,4% em 1964 e 2,4% em 1965; crescimento econômico inferior ao populacional nos anos de 1963 (3%) e de 1965 (2,9%) (REIS, 2007).

Os índices de inflação também apontam para o cenário de crise: já alto em 1962 (51,84%), atingiu 70,08% em 1963 e 91,88% em 1964; só voltou a cair em 1965, chegando a 65,69% e 41,3% em 1966, queda talvez resultante das medidas de austeridade da política econômica de Roberto Campos.

(5) Outro importante fator adicionado à categoria da janela política é a *mudança de regime*, na qual incluímos as mudanças de regime dentro das regras estabelecidas. Em tese, existe uma relação entre o grau de mudança do regime e o grau de MPE, isto poderá ser analisado na posterior comparação que será feita com o Governo Collor (1990-1992), cuja alteração na composição do grupo político não foi tão drástica. A troca de governo aparece como característica essencial da janela por ser um momento natural de MPE, principalmente, por ser adequado para introduzir novos projetos políticos oriundos da visão diferente de novos grupos no poder.

No caso analisado, a mudança de regime ocorreu por meio de mecanismos extra-constitucionais, com a ascensão de Castello Branco por intermédio de uma eleição indireta na Câmara, em que substituiu seu presidente, Mazzili, que havia assumido o cargo de presidente da República desde sua vacância, devido à fuga de João Goulart. O modo como ocorreu a mudança de governo tem um significado importante para a MPE: este novo grupo no poder possuía visão política totalmente oposta a do Governo João Goulart, tanto que não conseguiram superar divergências utilizando os mecanismos democráticos vigentes antes da ruptura política.

De acordo com a tipologia de Hagan (1989) que classifica mudanças de regime em cinco gradações, a ocorrida de Jango para Castello Branco seria considerada a mais radical ("tipo 5"), por haver uma substituição do grupo no poder por outro com visão política totalmente oposta por meio de uma revolução.

Houve mudança no nome dos titulares dos principais postos do governo com a alocação nos principais cargos executivos de pessoas ligadas ao IPES/IBAD e à ESG; além disso, qualquer nome politicamente ligado ao antigo governo foi imediatamente desapossado, como os quatro funcionários cassados no MRE. Como resultado, houve a defesa de uma política internacional totalmente oposta à anterior, adoção de um novo modelo político-econômico e mudança no comando do Itamaraty. Estes fatores reforçam a ideia de que a mudança do regime pôde influenciar positivamente sobre a possibilidade de MPE.

Estabilizadores

Passamos, agora, a analisar o impacto que as fontes e a abertura de uma janela política tiveram sobre os estabilizadores, fatores que geralmente dificultam projetos de MPE. O esquema considera a seguinte lógica no funcionamento das relações entre estes grupos de variáveis: os efeitos dos ambientes internacional e doméstico, assim como a caracterização do cenário político como de abertura à mudança, influenciaram no "afrouxamento" de alguns fatores (estabilizadores) que tendem a favorecer a continuidade das políticas existentes.

O primeiro grupo de estabilizadores a ser analisado remete aos fatores burocráticos que dificultam a introdução de uma nova política desenvolvida exogenamente, como o caso da política externa do Governo Castello Branco, originária de um grupo militar.

De início, apresentamos um breve olhar sobre o Itamaraty no começo desse governo. O MRE estava organizado de acordo com a reforma implementada pela Lei 3.917 de 1961, que dispunha sobre a organização das pastas: dividido em 10 órgãos, com papel central da Secretaria Geral de Política Externa (SGPE), cujo titular deveria ser escolhido pelo chanceler entre os ministros de 1ª classe. O papel do SGPE era auxiliar o ministro no planejamento, executar de atividades de natureza política, substituí-lo em sua ausência, selecionar adjuntos para assessorá-lo, escolher os chefes de departamento das três secretarias de Estado. O secretário geral tinha, portanto, papel central na organização e estrutura do MRE ocupando o topo desta hierarquia burocrática, ficando o ministro no topo de hierarquia política.

Também são importantes o Decreto nº 50.332 de 10 de março de 1961 e a Lei nº 4.669 de 8 de julho de 1965. O primeiro deu nova estrutura aos Escritórios de Propaganda e Expansão Comercial do Brasil no Exterior (Serviços de Propaganda e Expansão Comercial – SERPRO), responsáveis pela análise de mercados para exportações e importações brasileiras em território estrangeiro, sendo sediados em embaixadas ou consulados. O segundo, que dá continuidade ao processo de afunilamento, conferiu ao Itamaraty a administração exclusiva de promoção comercial brasileira:

> competirá ao Ministério das Relações Exteriores prever, organizar, coordenar e efetivar a representação brasileira em feiras e exposições no exterior, bem assim empreender a divulgação de produtos nacionais, mesmo daqueles cuja economia é regulada por entidades específicas (Art. 2º da Lei nº 4.669)

Dentro da área de segurança, outra instância decisória pode ser identificada. A Seção de Segurança Nacional, criada pelo Decreto nº 4.644 de 1939 (esta seção existia em todos os ministérios), atuava em colaboração com a

Secretaria Geral do Conselho de Segurança Nacional (SG/CSN), competindo-lhe: "estudar os problemas que interessassem à segurança nacional em relação à situação política internacional e preparar um plano político externo estabelecendo uma norma de ação do Governo" (MRE, online).

Com o Decreto n° 46.804 de 11 de setembro de 1959, houve a criação do Grupo de Estudos e Planejamento (GEP), que tinha como objetivo, em linhas gerais, realizar estudos, elaborar diretrizes governamentais e opinar em temas ligados à segurança nacional. Este grupo se tornou importante por delegar "várias responsabilidades nitidamente executivas [...] à SG/CSN" (CRUZ, 2009, p. 282). O resultado foi que, após o fim da vigência de mecanismos democráticos de controle, os militares utilizaram este canal institucional para tomar decisões em temas de segurança nacional de maneira autônoma, demonstrando o grau de influência que a caserna passou a exercer na tomada de decisões em temas de segurança nacional, principalmente em relação ao "perigo comunista", mesmo que através do MRE.

Além da Seção de Segurança Nacional, o Itamaraty também passou a atuar na área de segurança através do Centro de Informações do Exterior (CIEx), criado pelo secretário-geral Pio Correa em 1966, demonstrando a atuação do ministério nos assuntos de segurança nacional, de interesse direto do novo regime. Este centro foi, inicialmente, criado para investigar e monitorar as ações de Brizola no Uruguai, mas foi estendido para diversos países dado seu sucesso e devido ao deslocamento de seu criador para a SGPE (CRUZ, 2009).

Desde o início do regime militar, foi estabelecida uma relação de colaboração entre MRE e militares, sendo que os primeiros buscavam manter-se como instituição promotora de políticas de Estado, ou seja, distanciar-se da disputa política doméstica, enquanto os segundos consideravam o Itamaraty como uma instituição de excelência e, portanto, aceitariam interferir de maneira menos direta em assuntos internos do MRE. O primeiro chanceler pós-1964, Vasco Leitão da Cunha, mostrou-se firme no sentido de impedir que a Comissão Geral de Informações (CGI), organismo criado para promover a "caça às bruxas", presidida por um general do Exército, trabalhasse no próprio Itamaraty, estabelecendo ele mesmo uma comissão interna, coordenada pelo diretor do Instituto Rio Branco, Camilo de Oliveira. A comissão, nos meses seguintes, ouviu dezenas de "suspeitos", a maior parte jovens diplomatas, absolvendo praticamente todos eles após as perguntas de praxe. Foram apenas quatro os aposentados compulsoriamente nesse início do "processo revolucionário", número irrisório se comparado a outros ministérios (ALMEIDA, 2008).

Complementarmente, a política econômica internacional foi desenvolvida e aplicada pelo Ministério do Planejamento, sob o comando de Roberto Campos, nome civil de grande expressão no governo caserna. Mesmo que a renegociação da dívida externa tenha sido chefiada por um embaixador, as diretrizes da política econômica e as reformas necessárias para a implementação do PAEG tiveram origem no Ministério do Planejamento.

O que é possível notar pelas mudanças introduzidas, na estrutura burocrática do MRE no período inicial do regime militar, é que houve um processo em que foi conferido ao ministério maior poder sobre temas de política comercial, seguindo uma lógica iniciada antes de 1964.

Por outro lado, sofreu perda de poder decisório em temas de segurança. A abertura de um canal de atuação, a SG/CSN, permitiu aos militares tomar decisões nessa área. Na área econômica, houve continuidade do predomínio do Ministério do Planejamento na definição das diretrizes; a formação de um ministério com tecnoburocratas e economistas foi defendida pelo governo pela necessidade em desenvolver um método de atuação técnico para solucionar os problemas econômicos. O mais importante é que a relação estabelecida entre o Itamaraty e a elite militar, ao mesmo tempo em que garantiu a importância do MRE na implementação da PEB, também permitiu aos militares inserirem a questão da segurança nacional na agenda da política externa. O Itamaraty, devido à inserção de militares em seus quadros – pela alocação de oficiais da FA como adidos em representações diplomáticas, por meio do Decreto nº 53.937 (29/05/1964), e à alocação de diplomatas simpatizantes da nova política externa em cargos chave – passou a divulgar a "política externa da revolução" e buscar informações referentes às atividades comunistas em outros países.

Outro fator que reforça a percepção de que os *estabilizadores* burocráticos teriam sido enfraquecidos foi a quebra dos *standard operation procedures* (SOP) do Itamaraty. Um exemplo claro foi, quando da criação do Sistema Nacional de Informações (SNI), em 1964, o recebimento de um complemento no organograma (assim como em todos os outros ministérios), sob a forma de uma Divisão de Segurança e de Informações (DSI), que deveria zelar pelos "valores da Revolução": a lutacontra a corrupção e a identificação dos elementos comunistas "infiltrados" (ALMEIDA, 2008). Mesmo que o MRE tenha sido o único ministério a não ter a DSI chefiada por um coronel, a instauração de tal mecanismo significou ruptura nos SOP.

Complementarmente, a Lei nº 4.415 de 24 de setembro de 1964, deu nova redação aos itens "a" e "c" do artigo 37 da Lei 3.917 (14/07/1961), que resultou em mudança nos critérios de promoção, substituindoo quesito antiguidade pelo merecimento. O objetivo seria agilizar a renovação dos quadros da carreira, facilitando a ascensão daqueles funcionários de reconhecido merecimento. No entanto, essa mudança também pode ser interpretada como um meio de renovar os quadros burocráticos do Itamaraty, substituindo membros antigos identificados com a PEI; a mudança também pode ter sido uma manobra que, por intermédio da substituição de um critério objetivo(anos de carreira) por um critério subjetivo (merecimento), poderia privilegiar burocratas identificados com a nova política externa.

Ainda, em junho de 1964, foi iniciada a substituição dos representantes brasileiros nas embaixadas consideradas mais importantes. No dia 26, Juraci Magalhães assumiu a embaixada de Washington em substituição a Roberto Campos, designado ministro do Planejamento. Em julho, a vaga do embaixador Sousa Filho em Paris foi preenchida por Antônio Mendes Viana, enquanto Leitão da Cunha chefiava a delegação do Brasil à IX Reunião de Consultas dos ministros de Relações Exteriores Americanos, em Washington. Outras substituições foram feitas pelo Itamaraty no decorrer do ano, completando-se o novo quadro oficial brasileiro no exterior (CUNHA, 1994).

A política externa, portanto, apesar de desenvolvida e implantada por três agências/ministérios diferentes, tinha entre eles, um "elo de comando", a SG/CSN. Em conjunto com a ESG, de onde emanava o pensamento do regime militar, estas duas casas desenvolveram a base conceitual da política externa do Governo Castello. A proximidade de seus membros com o presidente demonstra a posição privilegiada que estas instituições possuíam dentro do governo. A ESG teve o Almirante Luiz Martini, o Tenente Henrique Fleiuss e o General Aurélio de Lyra Tavares como Comandantes; a SG/CSN teve Ernesto Geisel na chefia; estes eram integrantes do chamado grupo castellista (SIMÕES, 2010).

O fato do novo grupo no poder ter se organizado previamente por meio da formação de redes de contatos, como um pólo de oposição crescente ao governo João Goulart, significou a pré-existência de um projeto de governo relativamente estruturado com apoio de alguns setores sociais: grupos conservadores, economicamente ligados ao capital internacional e intelectualmente defensores da tecnoburocracia, membros do complexo IPES/IBAD, da ESG e sócios de corporações internacionais. Havia, portanto, complementaridade entre as políticas internacionais econômica, comercial e política, que buscavam estabilizar a economia doméstica, melhorar a imagem internacional brasileira e implementar um projeto de desenvolvimento associado.

A coordenação destas políticas entre estes ministérios e agências era feita por Castello e seus colaboradores, que defendiam esta linha de atuação mesmo com a crescente oposição à política econômica liberal (setores nacionalistas do exército e da burguesia nacional, crescentemente, insatisfeitos) e à política de proximidade aos Estados Unidos (considerada como subserviente pelos nacionalistas) (BRANCO, 1977). Assim, o elo entre as políticas em torno de um projeto nacional significou coordenação interministerial, pormenorizando efeitos negativos que a multiplicidade de ministérios a encargo da política externa pode ter sobre a MPE.

Passamos, agora, ao segundo grupo de estabilizadores, aquele referente às ideias. Alguns aspectos atinentes a esta questão já foram discutidos. Dois aspectos serão discutidos a seguir: a institucionalização das ideias e as alternativas existentes, fatores que podem influenciar sobre a possibilidade de MPE.

Primeiro, consideremos a PEI, diretriz do Itamaraty antes da MPE do regime caserna. Segundo depoimento de Vasco Leitão da Cunha ao CPDOC (1994), as linhas gerais da política externa já estavam traçados ao iniciar o governo Jânio, tendo apoio dentro do Itamaraty; seu grau de radicalização, principalmente durante o Governo Jânio (1961) – evidenciado pelos episódios da Missão João Dantas e a condecoração de Che Guevara – foi visto como "afobamento" por Vasco; provavelmente, parte dos diplomatas compartilhava esta opinião.

Por outro lado, a ideia de desenvolver uma política externa que aumentasse a interferência do Brasil na agenda internacional já era planejada e encontrava apoio em alguns setores do MRE. O que podemos inferir é que existia uma divisão dentro do Itamaraty análoga à existente nas elites brasileiras: uma corrente que defendia a diversificação dos parceiros e o não-alinhamento à lógica da Guerra Fria, portanto, mais nacionalista e defensora da abertura de mercados para a continuidade da expansão exportadora, seguindo assim o modelo desenvolvimentista através da Industrialização por Substituição de Importações (ISI); e outra corrente liberal, que apoiava a aproximação aos EUA e o enquadramento no conflito Leste-Oeste para conseguir acesso ao crédito necessário ao desenvolvimento, mais internacionalista e apoiadora de um Estado menos intervencionista. A primeira corrente é facilmente identificada com a PEI e a segunda se aproxima muito da política externa do Governo Castello Branco.

No entanto, não se pode considerar que a PEI estava institucionalizada como linha de atuação internacional brasileira; além de sua curta duração (de 1961 a 1964), este paradigma de atuação, mais identificado com o "globalismo", sempre foi alternado com o paradigma "americanista", mais próximo da política externa de Castello e mais presente durante o período histórico anterior (1902-1961) (PINHEIRO, 2000a). Complementarmente, se pensarmos em setores exógenos ao MRE, como os setores sociais e as elites políticas, a parcela que apoiou o golpe de 1964 era, claramente, contrária às diretrizes da PEI; a resistência à MPE por parte das elites é relativamente proporcional a pouca resistência que o novo regime enfrentou para tomar o poder e ser legitimado, ou seja, praticamente nenhuma.

Como já discutimos, além da limitação estrutural intrínseca a um país de Terceiro Mundo, o funcionamento da Guerra Fria restringia as opções de atuação do Brasil. No repertório de alternativas políticas, a política externa implementada pelo Governo Castello Branco seria a "única alternativa na lista". A inexistência de um leque amplo de opções políticas não representou um grande empecilho à MPE pela opção existente ser considerada a adequada pelo Governo Castello. Adicionalmente, não houve resistência ao abandono da PEI pelo Itamaraty já que o ministério privilegiou garantir uma menor intervenção dos militares sobre seus funcionários e normas do que sobre sua política; por parte da sociedade, a resistência também não existiu; por fim, a PEI era recente e, portanto, não teve "tempo de ser institucionalizada".

Passando aos estabilizadores internacionais, lembramos que algumas questões importantes referentes a este tema também já foram abordadas. A base normativa e institucional do SI era totalmente permeada pela lógica da Guerra Fria. Os Estados Unidos agiram no imediato pós-guerra, desfrutando de seu poder imensamente superior a qualquer rival, para desenvolver e institucionalizar organizações internacionais destinadas a expandir o capitalismo em escala mundial: o Plano Marshall, o *General Agreement on Tariffs and Trade* (GATT), a ONU, o FMI, entre outros, foram financiados pelos EUA e buscavam institucionalizar uma ordem global adequada para garantir os direitos e permitir a expansão de suas corporações transnacionais por intermédio do comando político da potência.

Em sua estrutura, o SI era bipolar, teoricamente, mais estável e, provavelmente, mais restrito a mudanças na política externa. Estas características apresentadas levar-nos-iam a pensar que o cenário internacional seria um fator de restrição sobre a MPE, mas esta lógica deve ser considerada inversamente. Esta configuração global teria sido um fator de restrição à MPE (um estabilizador) se consideramos o caso da PEI, momento em que o Brasil buscou se desvencilhar da disputa Leste-Oeste e adotou uma política de não-alinhamento, enfrentando, como resposta, pressões econômicas e políticas dos EUA. No caso da política externa de Castello, o cenário internacional aparece como um incentivo à mudança já que a aproximação à potência hemisférica fazia o Brasil se enquadrar na lógica de poder mundial. As instituições internacionais, sob o comando dos Estados Unidos, e a base normativa, amplamente baseada nos valores ocidentais também podem ser considerados, antes como incentivos, do que como restrições à política externa "castellista", que, segundo o presidente, era fiel aos valores ocidentais e cristãos (MRE, 1966).

No que se refere aos estabilizadores domésticos, pontos importantes também já foram abordados. A discussão sobre o sistema político nacional nos primeiros momentos após o golpe de 1964, levou-nos a concluir que apesar da fragmentação política, o governo teve apoio político para implementar seu projeto de reformas. O regime militar, pela pressão exercida por meio da ameaça de cassação de mandatos, conseguiu reunir uma base sólida ao seu governo; no Congresso, com exceção dos cassados, os membros não contestavam a legitimidade do governo, apenas os rumos que deveria tomar, sendo as opções seguir o projeto de estabilização política e econômica de Castello Branco ou uma radicalização do movimento, com aumento das cassações aos identificados com ideologias de esquerda. As principais críticas de liderança políticas à política externa partiram de dentro do próprio segmento militar, da chamada "linha dura", que defendia uma política mais nacionalista e menos atrelada aos EUA. Este grupo ganha poder com a ascensão de Costa e Silva à presidência, que passa a adotar uma postura mais nacionalista, mas este processo só ocorre após a eleição do mesmo pelo Congresso. Além disso, a crescente contestação da atuação internacional brasileira (e da política econômica) só ocorre durante o decorrer do governo, que passa a sofrer oposição deste grupo militar através de declarações públicas de membros do exército, insatisfeitos com a moderação do presidente em "caçar os comunistas" (BRANCO, 1977).

A relação entre Estado e sociedade pode ser tanto um incentivo quanto uma restrição à mudança. Pode-se considerar que é um incentivo à MPE se existe uma relação próxima e há canais de informação e comunicação entre Estado e Sociedade, sendo assim, a última poderia reivindicar mudanças se insatisfeita com a política externa corrente. Por outro lado, o fato do Estado ser fechado para a participação popular pode significar maior facilidade para uma MPE, já que as decisões são tomadas mais diretamente, de acordos com crenças dos líderes políticos, não importando a opinião pública. Este é o caso do Governo Castello, em que a política de contenção a infiltrações comunistas se tornou imperativo do Estado e a contestação de qualquer atividade de política externa relacionada ao tema não poderia ser feita, nem por aqueles que tinham a informação necessária (elites políticas) frente à possibilidade de ter o mandato cassado, nem pela população, em geral, pela indisponibilidade de informações de operações de caráter secreto. Assim, as decisões eram tomadas pelos círculos políticos sem influência direta da sociedade, facilitando o processo de mudança e afastando descontentamentos da sociedade.

Sendo o regime implantado em 1964 de origem militar e dado o momento político de perseguição a lideranças de oposição, os estabilizadores domésticos não foram restrição ao redirecionamento na política externa. A aplicabilidade desta categoria a casos brasileiros pode ser limitada dado o pequeno destaque que a política externa possuía na mídia, pelo poder de decisão estar concentrado no Executivo e pelo tradicional insulamento do MRE.

Processo Decisório

Os atores que compõem a Unidade Decisória Última (UDU) foram destacados no decorrer do texto. Foram determinantes para a definição da política externa, neste período, alguns atores-chave: o presidente da República, autoridade com grande poder decisório em política externa no Brasil, discursou e defendeu a MPE e os novos rumos que o país seguiria, bem como, utilizou seu capital político para defender esta política em consonância com as reformas domésticas pelas quais o país passava. Em conjunto com o MRE, o presidente também conseguiu implementar as reformas na estrutura burocrática; o ministro de Relações Exteriores apoiou a política externa da "Revolução" e trabalhou dentro da casa com seu prestígio para nomear e substituir pessoas em postos chaves de modo a divulgar e institucionalizar a MPE; a SG-CSN, ao que consta, partindo das bases teóricas desenvolvidas na ESG, foi responsável pelo desenvolvimento conceitual da nova política externa e também foi um instrumento utilizado pelos militares para tomar decisões na área de segurança.

Algumas considerações sobre a estrutura burocrática em torno da política externa merecem ser feitas. Primeiro, a política externa do Governo Castello Branco foi implementada em três frentes: o Ministério do Planejamento coordenou a política econômica (em consonância com o

Ministério da Fazenda de Octávio Bulhões), conjuntamente, houve colaboração do MRE nas negociações de empréstimos e de pagamento das dívidas junto aos credores internacionais; a ESG e a SG/CSN, respectivamente, desenvolveram e implantaram as bases teóricas e a política de segurança nacional, com a colaboração do MRE, na segunda parte, sendo que todas as missões do Itamaraty tinham um integrante militar como um representante da SG/CSN; a política comercial ficou a encargo do Itamaraty. Segundo, o padrão de funcionamento existente no Itamaraty foi alterado, por mais que este tenha tentado se manter distante, pela mudança de regime: apesar de ter sido um dos ministérios menos afetados no regime militar, sua relativa autonomia de ação foi fortemente afetada durante seus primeiros anos. Letícia Pinheiro (2000) considera que o MRE teria "trocado sua ideologia por sua integridade", ou seja, teria se mantido distante da disputa política interna em troca da substituição da CGI por um processo interno que resultou na aposentadoria compulsória de apenas quatro burocratas ligados a João Goulart.

Agora passamos à interação entre o sistema decisório e a leitura que este fez das fontes no momento da janela política. Considerando o cenário de crise política e econômica na esfera doméstica, o novo grupo no poder buscou estabilizá-lo e garantir a legitimidade do novo regime. Assim, para conseguir alcançar os "objetivos da revolução", Castello Branco utilizou diversos meios de ação.

Para isso, na esfera política, agiu por meio da criação das CGI para retirar os direitos políticos de qualquer individuo ligado ao regime anterior, desse modo, legitimou-se a necessidade de medidas de exceção para conseguir banir o comunismo da política nacional. Na esfera econômica, buscou sanar as contas nacionais através de um programa econômico de austeridade e de busca de crédito no exterior, com isso, justificar-se-ia a tomada de poder, que se baseou, entre os militares, na crença da incompetência das elites civis em garantir o progresso nacional (STEPAN, 1975; O'DONNELL, 1973).

A equipe econômica, comandada por Roberto Campos no Ministério do Planejamento e Octávio Bulhões no Ministério da Fazenda desenvolveu as bases do PAEG, lançado em agosto de 1964, dentro das normas sugeridas pelo FMI. A política buscava, principalmente, conter a inflação acelerada, considerada como responsável pelo baixo crescimento. Isto foi posto em prática com cortes nos gastos públicos e cancelamento de programas de investimentos, redução de despesas de custeio e aumento da arrecadação pela reforma de centralização tributária (VIZENTINI, 2008). O governo também reformou o marco regulatório da atividade financeira, com a Lei nº 4.728, de 14 de julho de 1965, que estabeleceu regras para incentivar a entrada de capitais estrangeiros. Além disso, expediu Decretos-Lei para livrar de tributação, a importação de diversos materiais relacionados à: rádio-difusão, peças automotoras, armamentos militares, instalação de usinas, telefonia, equipamento industrial em geral e cinematográfico, entre outros.

Além das reformas domésticas, que visavam restabelecer a ordem política e retomar o crescimento econômico, foram reformuladas diretrizes externas para complementar as medidas domésticas. A atuação internacional tinha alguns objetivos destinados a concretizar a "Revolução": garantir a segurança nacional e combater o comunismo no Brasil; restabelecer a imagem internacional e identificar o Brasil como um membro do bloco Ocidental; restabelecer a confiança dos credores internacionais e das empresas estrangeiras que investiam no país; obter novos empréstimos junto a bancos internacionais para sanar os desequilíbrios na balança de pagamentos e alavancar o desenvolvimento industrial. Estes objetivos supracitados estão diretamente relacionados às categorias das fontes explicadas no início deste livro.

As principais ações visando estes objetivos foram: rompimento com Cuba; reformulação da Lei de Remessas de Lucros; nova política de minérios aprovada no CSN, além do Decrete-lei nº 4.425 (08/10/1964) que unificou o imposto sobre minérios (forte interesse dos EUA em garantir o fluxo de minérios estratégicos para alimentar sua indústria militar); renovação de acordos militares e formalização do Acordo Aerofotogramétrico; acordos sobre investimentos privados estrangeiros; contenção dos níveis de salário; restrição ao crédito bancário (as duas últimas visavam estabilizar a economia e torná-la atraente ao capital internacional); corte de subsídios.

A aproximação aos EUA também é demonstrada pelo alto fluxo de entrada de funcionário da USAID, cerca de 1500, instalados em vários ministérios; o Brasil tornou-se a segunda maior missão militar dos Estados Unidos, atrás apenas do Vietnã (BANDEIRA, 1989).

O presidente Castello Branco, quando subiu ao poder, considerava a política externa como um dos meios operacionais brasileiros para conquistar os "objetivos da Revolução" (VIANA, 1975). Manteve Vasco Leitão da Cunha, empossado por Mazzilli sob orientação de Costa e Silva, no cargo de chanceler, já que, sendo ele funcionário de carreira, possuía um bom relacionamento com o *staff* do Itamaraty (CUNHA, 1994). Colocou um homem de confiança na embaixada de Washington, Juraci Magalhães, militar – já que tinha como objetivo melhorar as relações bilaterais. Isto deveria ser feito por meio da eliminação dos atritos existentes durante o governo anterior e pela melhora das relações interamericanas para o fortalecimento da política hemisférica (VIZENTINI, 1998).

No âmbito político doméstico, o objetivo do novo regime seria restabelecer a ordem. A legitimidade do golpe de Estado baseava-se na tarefa de "garantir a democracia" em oposição à "guinada comunista" de Jango; para isso, deveria retirar da política nacional, os políticos identificados, pelos militares, com a ideologia comunista. No que tange à política externa, a postura brasileira deveria ser de combater o comunismo internacional e se aproximar dos Estados Unidos, defensor desta política em escala global. Estes objetivos seriam buscados baseando-se nos projetos geopolíticos, nacional e internacional, desenvolvidos pelos militares: a Doutrina de Segurança Nacional e a Teoria dos Círculos Concêntricos.

Um dos primeiros passos foi o rompimento das relações com Cuba, já no dia 2 de maio de 1964. No mesmo mês, o governador da Guanabara, principal figura política civil que apoiou o golpe, partiu para a França, em viagem oficial, a percorrer diversos países, a fim de explicar o "Movimento de Março" e divulgar os objetivos do novo regime (CUNHA, 1994).

Em sua primeira carta endereçada ao Itamaraty, Castello Branco se mostrou preocupado com quatro temas específicos: revitalização da OEA; investigação do governo recém-eleito, de Eduardo Frei, no Chile; atualização da agenda em relação ao desarmamento e ao programa nuclear; implicações da visita do General Charles de Gaulle a países da América do Sul, inclusive ao Brasil. (VIANA, 1975).

Estes primeiros passos demonstram a preocupação do novo presidente em se alinhar ao bloco Ocidental, revitalizar as instituições do continente, supervisar os desdobramentos no continente em relação a governos de esquerda e em relação ao interesse da França (o país buscava aumentar sua influência na região), bem como divulgar os objetivos do novo governo para a comunidade internacional, ou seja, reforçar internacionalmente a nova "cara" da PEB como pudemos constatar na análise de documentação secreta do MRE.

A aproximação aos EUA concretiza-se – além do rompimento com Cuba e China – por meio do apoio brasileiro com tropas e com o comando da Força Interamericana de Paz (FIP), formada para solucionar a crise política na República Dominicana, resultante de decisão tomada durante a 10ª Reunião de Consulta dos ministros das Relações Exteriores da OEA.

Este episódio causou controvérsias no Brasil. De início, frente ao apoio dos militares à ação unilateral dos Estados Unidos na República Dominicana para proteger seus cidadãos, parlamentares protestaram considerando que o Brasil só deveria agir se a instabilidade no país caribenho se tornasse uma ameaça para o continente e se isso fosse decidido na OEA com quorum adequado. Membros do PSD (partido de oposição) ponderaram que a adesão do Brasil poderia dar precedente para futuras intervenções armadas dos EUA em outros países da região (BRANCO, 1997).

Para discutir a posição brasileira nesta crise, Bilac Pinto, presidente do Congresso, e o presidente Castello Branco, reuniram-se, sendo que o primeiro demonstrou sua posição contrária. Depois, Vasco Leitão mandou o Gabinete de Brasília fornecer toda a documentação reservada do MRE para a consulta do Deputado; Luis Viana Filho, Chefe da Casa Civil da Presidência, também se reuniu com Bilac para esclarecer a posição tomada pelo Executivo e este respondeu com críticas à intervenção dos EUA e à postura precipitada do Itamaraty em apoiar a ação da potência, mas se mostrou disposto a aprovar o enviode tropas, desde que em função de decisão da OEA (BRANCO, 1977).

O processo decisório deu-se da seguinte maneira: após as negociações com Bilac Pinto, descritas acima, Vasco Leitão acompanhou uma consulta de Castello Branco aos líderes do Congresso e informou que havia autorizado o embaixador a apoiar na OEA, a proposta dos EUA de criar a FIP; o motivo alegado era que a oposição na República Dominicana estava sendo treinada por forças soviéticas. Com a solicitação da OEA por 2000 homens para formar a FIP (metade destes brasileiros), o CSN se reuniu com Castello Branco e aprovaram o envio de tropas por unanimidade. Superada esta instância, passou-se à votação na Câmara, nesta casa, houve vitória por 190 votos contra 99. A alegação dos apoiadores era que, como o Brasil já tinha votado à favor da intervenção na OEA, deveria cumprir seu dever (DULLES, 1983).

Os desdobramentos deste ocorrido demonstram a posição brasileira em relação aos Estados Unidos e a PEB para a região, assim como a habilidade que o governo tinha para implementar as decisões mesmo que enfrentando oposição no Congresso (BRANCO, 1977). Apesar das reclamações do Congresso, justificáveis, dada a natureza da iniciativa política sem precedentes na história da PEB, uma negociação rápida com o Congresso garantiu a execução do projeto. Seja pela alegação da infiltração comunista, seja pelo comprometimento prévio das FA, o Executivo conseguiu "empurrar" a aprovação do envio de tropas.

A operação também resultou em uma maior discussão das relações hemisféricas, como na II Conferência Interamericana Extraordinária, que tratou do tema da reforma da Carta da OEA; nela, Vasco Leitão da Cunha defendeu a institucionalização da FIP em caráter permanente para possíveis crises futuras. A ideia foi rejeitada por diversos governos que consideraram a proposta brasileira como legitimadora do intervencionismo norteamericano, já o governo militar, considerava que este seria um meio de barrar iniciativas unilaterais da superpotência (MRE, 1965).

Em relação à crise econômica que assolava o Brasil, o Governo Castello buscou, por meio de uma série de medidas, recuperar a confiança dos investidores internacionais e restabelecer um cenário de estabilidade político-econômica para retomar o crescimento econômico. A leitura feita pelo novo regime apontou para a necessidade de mudanças na política econômica para se inserir no contexto internacional de expansão econômica, tanto que, logo de inicio, buscou uma postura cooperativa com as instituições financeiras globais para ter acesso ao capital excedente oriundo do bom momento econômico.

Alguns documentos demonstram o contato de oficiais brasileiros com agências privadas e instituições financeiras internacionais. Por exemplo, houve negociações financeiras executadas diretamente entre Juracy Magalhães e o primeiro vice-presidente do Eximbank para o reescalonamento de parcelas de, respectivamente, US$ 66,5 milhões, US$19,4 milhões e US$ 6,6 milhões. As boas ligações do embaixador nos Estados Unidos permitiram a ele negociar diretamente com as instituições privadas, repassando os acordos ao Ministério da Fazenda e ao Banco do Brasil, como pode ser percebido em correspondência confidencial (Documento nº 1). Por outro lado, o ministro da Fazenda, Octávio Bulhões, enviou relatório sobre as reformas implementadas no Brasil com o objetivo de atender às exigências para empréstimos e reescalonamento de dívidas junto ao FMI, datado de 6 de setembro de 1965. Nele, constam informações sobre as mudanças na política fiscal, monetária, comércio exterior, política de preços e reformas institucionais; isto demonstra uma nova postura do governo em relação a estas instituições (Documento nº 2).

No campo financeiro, o governo anterior não conseguiu passar credibilidade aos credores por não ter desenvolvido um programa para recuperação da economia; paralelamente, a instabilidade política e medidas nacionalistas desestimulavam investimentos externos no país. Para superar este cenário, o governo buscou assegurar o pagamento dos compromissos relativos a créditos com o Clube de Haia e pediu adiamento dos compromissos relativos a créditos compensatórios de governos ou agências internacionais (MRE, 1964).

Basicamente, o que ocorreu foi uma divergência entre a forma de ler as fontes do cenário internacional, enquanto o Governo Jango considerava necessário buscar alternativas de atuação no sistema bipolar, os militares consideraram vantajoso vincular-se ao eixo Ocidental.

As fontes políticas e econômicas domésticas caracterizavam um cenário de instabilidade política e crise econômica; as internacionais apontavam para um aumento de atenção e pressão dos Estados Unidos sobre a região e crescimento econômico mundial. Aproveitando-se de um cenário de crise doméstica, de mudança de regime, de alta discussão doméstica sobre as diretrizes internacionais, os principais tomadores de decisões do regime caserna se desvincularam da política externa anterior e implementaram uma MPE.

O cenário doméstico também abriu a possibilidade para redirecionar o Itamaraty para desenvolver os objetivos da "política externa da Revolução". A cassação (ou pelo menos a possibilidade dela) de burocratas vinculados à política externa anterior, de esquerda, e a nomeação de um chanceler comprometido com os ideais do novo regime garantiram que a casa se alinhasse às novas diretrizes externas. Isto também foi possível porque a política de alinhamento ao Bloco Ocidental aparecia como alternativa natural à PEI e como, amplamente, incentivada pela lógica bipolar da Guerra Fria. A união formada em torno do bloco que depôs João Goulart e o caráter fechado do regime, resultante de seu caráter de exceção, permitiram aos tomadores de decisões imprimir novos rumos na PEB por meio do apoio de forças políticas e do grande poder de decisão do Executivo. O SI bipolar, ao invés de se tornar uma restrição, se tornou um incentivo, já que a pressão exercida pelos Estados Unidos sobre os países da região era para se alinhar a luta contra o comunismo, independente do tipo de regime político doméstico.

Assim, a política desenvolvida pelos militares cumpriria os principais objetivos domésticos e internacionais do regime: conter o avanço do comunismo e superar a crise econômica. A aproximação aos Estados Unidos, através da defesa da ideia de segurança hemisférica contra um inimigo comum, cumpriu estes objetivos, ao mesmo tempo em que legitimava a existência do regime. Como resultado, conseguiu uma postura mais cooperativa de credores internacionais e possíveis investidores externos para superar a recessão econômica.

Focando a discussão na UDU, consideramos que na tomada de decisões referente a temas de alto nível, o papel do presidente e do grupo militar que o apoiava (primordialmente, a SG/CSN), foram determinantes. O MRE não deixou de ter importância na implementação da PEB, mas a formulação das bases conceituais e das diretrizes externas executadas durante o Governo Castello Branco foi um processo exógeno ao ministério. Apesar do aumento das competências e da estrutura do Itamaraty, a análise dos processos decisórios nos levam a crer que seu papel esteve mais próximo da execução de uma política desenvolvida pelos militares.

Considerando as bases teóricas de Hermann e Hermann (1989) – vide pontos apresentados no primeiro capítulo deste livro – analisamos a UDU e consideramos que: 1) mesmo que a unidade final de decisão pudesse variar de acordo com área, as bases gerais da política externa estiveram atreladas às questões da política de segurança, que orientou a atuação brasileira e cujas decisões foram tomadas pelo grupo que apoiava o presidente, a SG/CSN; 2) a unidade de decisão optou por tomar decisões para mudar os rumos da política externa; 3) esta unidade também teve seu poder decisório "aumentado" pelo cenário de crise política corrente.

Atentando à possibilidade de um líder ou um grupo agir em prol de um redirecionamento na política externa, consideramos que a atuação dos últimos seguiu as premissas teóricas de Hermann (1981) e Hermann *et al.* (2001): 1) membros do grupo consideravam primordial promover a MPE para a complementação dos objetivos nacionais; 2) o problema era visto pelo grupo como essencial para a manutenção do regime; 3) os principais temas, que representaram a mudança na atuação externa, envolviam diplomacia e protocolo de alto nível, afinal, as negociações e conversas foram feitas diretamente pelo presidente, ministro das Relações Exteriores e representantes militares nas missões diplomáticas; 4) por fim, os problemas em questão eram de interesse especial dos líderes.

Apesar de Pinheiro (2000b) considerar que as decisões no período foram tomadas por um líder predominante, concluímos que as questões de alto nível passaram pelo crivo do grupo militar, incluindo seu chanceler, que apoiava o presidente. É difícil definir se a autoridade máxima do presidente poderia ser questionada, caso este tomasse uma decisão sem apoio da SG/CSN; o caso da criação da FIP demonstra que havia consenso entre seus membros sobre os objetivos da política externa. Além disso, a instabilidade da política doméstica, resultante, em grande parte de declarações de segmentos militares adversos a política econômica e externa de Castello Branco, leva-nos a crer que este precisava de apoio dessa base militar aliada para garantir a governabilidade.

Mesmo assim, face à inadequação de classificar o grupo decisório como "pequeno grupo", já que este modelo considera que diversos atores negociam sabendo da diversidade de interesses dentro do grupo, a classificação mais adequada é a de "líder predominante", mas fazendo uma ressalva por consideramos que o apoio do chamado grupo "castellista" era primordial para o presidente, mesmo que a concordância nas ideias parecia ser corrente.

Mudança de Política Externa

Primeiro, será feito o teste da hipótese. Serão consideradas algumas características da MPE para discutir se, de fato, ocorreu um redirecionamento na PEB – mudança extrema nos rumos externos. São quatro pontos levantados por Volgy e Schwarz (1994), caracterizadores do redirecionamento, que serão analisados.

(1) *Mudança multidimensional*. O caso analisado atende a este requisito por dois motivos: – no período, questões independentes se tornaram interligadas, resultando em uma mudança conjunta e convergente; – a MPE ocorreu em diversas áreas, como segurança, economia, política para o continente, leitura do SI, conceituação da política externa. A convergência ocorreu pela vinculação entre o projeto nacional e a política externa, já a legitimidade do governo também estava relacionada aos objetivos da política externa. Garantir o desenvolvimento econômico e recuperar a estabilidade política foram objetivos buscados por intermédio da política de aproximação aos Estados Unidos e alinhamento ao Bloco Ocidental, e da luta interna e internacional contra o comunismo.

Para cumprir estes objetivos, o governo buscou novos meios de atuação nas diferentes áreas: a) na segurança, houve substituição da nacional pela coletiva com a instrumentalização da tese de segurança hemisférica como meio de se proteger de infiltrações comunistas, também houve forte relação da segurança nacional com a política internacional; b) na economia, a retórica de defesa dos direitos das empresas estrangeiras no Brasil e a mudança na Lei de Remessa de Lucros buscaram atrair investimentos e empréstimos internacionais, substituindo uma postura nacionalista do governo anterior; c) na política regional buscou se tornar o aliado preferencial dos Estados Unidos que delegaria a função de líder ao Brasil na parte sul do continente – seria o sub-imperialismo brasileiro, no plano regional – e, para isso, passou a se inserir no SI baseando-se na divisão Leste-Oeste, em substituição a Norte-Sul, mais forte no governo anterior.

Também houve mudança conceitual, com a relativização dos conceitos de independência e soberania, que deveriam ser adaptados à ideia de defesa coletiva. Também houve mudança no conceito de não-intervenção, tornando-se aplicável apenas às "nações livres", que não seria o caso da República Dominicana. O conceito de autodeterminação também foi relativizado, pelo apoio na ONU à política colonialista de Portugal, justificada pela mesma ideia de conter infiltrações comunistas. Além disso, na conceituação dos paradigmas de PEB, houve substituição do "globalismo" pelo "americanismo". Esta argumentação também já serve para tratar do ponto sobre mudança normativa.

(2) *A mudança ocorreu além dos discursos?* Apesar do grande peso dado aos discursos, a MPE não se limitou apenas às palavras. Os novos rumos da PEB foram amplamente divulgados pelos meios diplomáticos brasileiros e se mostraram, principalmente, nas conferências continentais que ocorreram no período; além disso, diversas reformas de caráter interno significaram uma nova postura brasileira em relação a empresas e credores internacionais.

Alguns documentos e relatórios demonstram uma nova postura do Brasil em diversos temas. Primeiramente, um dos principais objetivos da diplomacia tornou-se, como podemos ver no relatório de atividades da embaixada brasileira em Washington entre junho e dezembro de 1964, o "esclarecimento da opinião pública e dos círculos oficiais norte-americanos, acerca da natureza e dos objetivos da revolução" (Documento nº3). De maneira similar, os novos objetivos da PEB também foram divulgados por Carlos Lacerda em viagem oficial pela Europa Ocidental (BRANCO, 1977).

Em outro relatório (Documento nº4) a manutenção das relações diplomáticas com o Bloco Comunista é justificada, principalmente, pela necessidade de se "manter contato com o opositor" – princípio básico destas relações – ficando em segundo plano a abertura de mercados importadores; esta postura mostra-se diversa daquela do governo anterior que não considerava o Bloco Comunista como adversário. A atenção especial à questão do comunismo também é bem exemplificada pelo envio da embaixada de Washington à Secretaria de Estado de Relações Exteriores do Relatório do Sub-comitê de Assuntos Inter-Americanos da Câmara de Deputados dos Estados Unidos, que analisava o estado da infiltração comunista em toda a América Latina (Documento nº 5). Os discursos serviram também como instrumento de apontar a MPE, mas esta não se limitou a esfera verbal.

(3) A mudança deve ser na *direção* e na *participação*. Novamente, considerando a discussão já realizada, podemos afirmar que a direção da PEB mudou, já que passou-se a defender um novo posicionamento, quanto aos temas da agenda internacional, dando maior importância à luta contra o comunismo e à disputa internacional bipolar; a mudança de direção também ocorreu na relação bilateral com os Estados Unidos, o que será avaliado novamente.

Em relação à participação, alguns episódios podem ilustrar a busca de maior ativismo no cenário internacional pelo Governo Castello Branco. Primeiro, a proposta de institucionalizar a FIP foi brasileira e, além disso, durante a X Reunião de Consulta de ministro de Relações Exteriores foi decidido que o comandado militar das tropas na República Dominicana seria feito por um brasileiro, Hugo Alvim. O país sediou a II Conferência Interamericana Extraordinária, no Rio de Janeiro, em 17/11/1965. Antes da reunião buscou-se preparar ativamente a opinião dos Estados-membros para harmonizar as diferentes posições quanto à reforma estrutural da OEA por meio da elaboração de uma nova Carta. Entrou em contato com todas as chancelarias no continente para expor a posição brasileira e buscar uma opinião unificada. Três missões foram enviadas aos países americanos, chefiadas pelo Embaixador Antônio Azevedo da Silveira e pelos ministros José Augusto Soares e Galba Santos. Segundo Relatório do MRE (1966), a Ata Final da Conferência do RJ reflete a posição do Brasil mantida na reunião, ao fixar as bases gerais da reforma e os procedimentos para sua efetuação. Estes são indícios da busca por uma posição de liderança no continente pelo Brasil.

(4) Este último condicionante trata da *dimensão temporal*. Novamente, considerando os dados já apresentados, podemos constatar que a mudança ocorreu dentro de um intervalo curto tempo. O famoso discurso do presidente no MRE que serviu de base para a nova política externa aconteceu em 31/07/1964, logo no início do governo; os processos de cassação e substituição de postos importantes também ocorreram nos primeiros momentos; o mesmo vale para a mudança na Lei de Remessa de Lucros, que foi aprovada em 29/08/1964. A preocupação com o comunismo também já aparece, segundo Viana (1975), na primeira carta de Castello ao MRE. O fato de a MPE estar fortemente relacionada com a mudança de regime e com o fato do espectro ideológico do novo grupo ser oposto ao anterior determinou que a mudança fosse iniciada logo após o começo do regime.

Passamos, agora, a avaliar a mudança no grau de distanciamento em relação ao *hegemon*. Segundo uma análise quantitativa de Hagan (1989) – o autor classifica o padrão de votos na ONU de países comparados com os Estados Unidos em uma graduação de cinco escalas – o Brasil passou de uma postura "moderadamente anti-EUA" para "moderadamente pró-EUA" (respectivamente, 2/5 e 4/5 na escala), o que ilustra um novo tipo de comportamento na Assembleia Geral da ONU, de aproximação ao *hegemon*. A aproximação aos EUA também é explicitada pelo apoio à intervenção na República Dominicana, defesa de formação da FIP, apoio à Guerra no

Vietnã (sem, no entanto, enviar efetivos militares), defesa no âmbito hemisférico da política estadunidense de combate a infiltrações comunistas.

Contraintuitivamente, Amorim Neto (2011), não encontrou um aumento de convergência em relação ao período da PEI (medida pela coincidência média de votos entre Brasil e Estados Unidos do total das votações ocorridas na AGNU – variável com escala de 0 a 1), sendo a média do Governo caserna menor (0,61) que a de Jango (0,64). Mesmo assim, o autor aponta um aumento significativo na concordância nos temas de política e segurança que subiu de 0,63 para 0,71. Uma investigação nos dados dos autores seria necessária para identificar porque encontraram resultados tão discrepantes – infelizmente, nenhuma das duas bases está disponível para replicação.

Considerando estes pontos, vale frisar, que não se está argumentando aqui que a nova política externa foi de alinhamento automático aos Estados Unidos; o argumento é que a política externa dos militares tinha, em seu início, mais áreas de conciliação do que de atrito com os interesses da potência mundial, isto resultou em uma postura mais cooperativa do Brasil nas relações bilaterais.

Outra esfera a ser analisada remete aos efeitos da MPE sobre a estrutura burocrática. Nosso esquema analítico inspirou-se na análise de Kleistra e Mayer (2001) sobre a mudança nas atribuições dos principais atores do processo de desenvolvimento e decisório em política externa. Serão analisadas as mudanças no Itamaraty em quatro pontos: papel do ministro das Relações Exteriores; divisão das tarefas e regras dentro do ministério; portfólio das tarefas executadas pelo MRE; importância do ministério na estrutura federal.

Primeiro, a mudança do papel do ministro de Estado que, geralmente, pode oscilar entre a tarefa de coordenar procedimentos administrativos ou focar no papel de *policymaker* (responsável pelo desenvolvimento de políticas). Neste âmbito, alguma mudança pode ser identificada. O último ministro do Governo Goulart foi João Augusto de Araújo Castro (1963-1964), nomeado pelo presidente como secretário-geral do MRE em 1963, ascendeu ao posto de ministro em agosto. Este era muito identificado com a PEI; esteve junto com Jango na polêmica missão especial à Moscou e Pequim, interrompida em 25/08/1961 pela renúncia de Jânio Quadros. O fato mais marcante durante sua passagem como ministro foi o discurso dos "Três D"[3] na Assembleia Geral da ONU (LAMARÃO, 2007).

A chegada de Leitão da Cunha, por outro lado, significou, também por outros fatores circunstanciais, uma maior interação com as questões domésticas; o resultado foi que o novo ministro, seguindo direcionamentos do regime recém instalado, promoveu reformas no MRE, tais como: mudança dos critérios de promoção, destinada a renovar o quadro de funcionários; substituição dos representantes nas embaixadas brasileiras mais importantes; coordenação da comissão interna para cassar os oficiais mais identificados com o governo anterior. Estes projetos implementados por Vasco delineiam o perfil de gerenciador e administrador do MRE que ele assumiu e o papel de reformador da instituição que lhe foi confiado. Apesar de defender constantemente a "política externa da Revolução" e de se identificar com seus pressupostos, o chanceler não foi o responsável pela sua formulação, não exercendo, portanto, o papel de *policymaker*.

Segundo, em termos de mudança entre os departamentos intraministério, pouco foi alterado, já que a Lei 3.917 de 1961 sobre a organização das pastas já havia, anteriormente, reestruturado as divisões internas da Casa. Assim, a divisão de trabalhos e tarefas dentro do Ministério também sofreu pouca alteração. Por outro lado, as regras de aposentadoria, mudadas através da Lei nº 4.415 (24/09/1964), que resultaram na substituição de ministros que tinham atingido uma idade limite, deu espaço para membros

---

3   O discurso teve esse nome por se nortear em três princípios considerados pela diplomacia, como condicionantes à melhora da situação nos países pobres, sendo eles: desenvolvimento, desarmamento e descolonização.

mais jovens e possivelmente identificados com os "valores da Revolução". Isto significou certa alteração nos quadros burocráticos.

Por outro lado, a reforma ou modernização ministerial do primeiro governo militar atingiu a divisão de tarefas entre ministérios e o portfólio das tarefas executadas pelo Itamaraty. Identificamos a mudança no papel do MRE por meio da nova estrutura dos SERPRO e da exclusividade do MRE na promoção comercial brasileira no exterior. A inserção do SG/CSN como uma nova instância decisória em temas de segurança e a inserção de militares nas missões diplomáticas também representaram a mudança nas tarefas do Itamaraty. O ministério também passou a atuar na área de segurança através dos Centros de Informação do Exterior, a partir de 1966, criados para investigar e monitorar as ações de brasileiros identificados com o comunismo e outros indivíduos associados com esta luta no exterior. O MRE passou a ganhar mais importância na estrutura da administração federal, seguindo a crença de que os militares se identificavam com a organização e hierarquia existente na casa diplomática. Dentro desta lógica, também mudou a extensão e a variedade de áreas política relevantes para o ministro, que passou a atuar mais fortemente na área da segurança em relação a infiltrações comunistas no Brasil e na América Latina; também passou a dominar com exclusividade a área de comércio exterior.

Além destas, uma nova tarefa resultou da criação da Seção de Segurança Nacional, com o MRE passando a investigar atividades comunistas em países vizinhos. Neste quadro, a criação dos CIEX, por Pio Corrêa, também reforça o novo papel do ministério para realizar tarefas de interesse direto do novo regime, ao monitorar atividade de opositores brasileiros, durante asilo político no exterior.

Estas novas medidas, também significaram o aumento da importância do Itamaraty dentro da estrutura federal. A casa passou a ser uma importante agência para a execução das atividades relacionadas à segurança nacional, muito atrelada às questões internacionais na lógica da Guerra Fria.

Além desta esfera, dentro do quadro da nova política econômica liberal, a promoção das exportações aparecia como um importante condicionante para financiar as importações de materiais, muitos dos quais, tiveram sua taxação liberada pelo governo.

Considerados todos os indicadores utilizados para analisar a MPE do Governo Castello Branco, podemos pensar nas tipologias e gradações de mudança. A MPE cumpriu os quatro pontos levantados por Volgy e Schwarz (1994) – multidimensional; foi além dos discursos; participação e direção; temporal – também representou uma mudança considerável da postura em relação ao *hegemon* e teve um efeito considerável em pelo menos três dos quatro indicadores referentes à estrutura burocrática. Isto nos leva a classificar a MPE analisada como uma mudança de orientação internacional (HERMANN, C., 1990) ou reestruturação (ROSATI, 1994), dentro das escalas de quatro graus de mudança dos autores, a mais extremada.

Capítulo III
Governo Fernando Collor de Mello
(1990-1992)

Fontes

Âmbito doméstico

Passemos agora a analisar o Governo Fernando Collor. Será seguida a mesma lógica da seção anterior, portanto, iniciemos a discussão abordando as *fontes* domésticas.

De início, será analisado o grau de apoio político do governo. Para isso, é necessário pensar no modelo constitucional vigente. Como na análise do caso anterior, ao se observar as fontes de MPE, grande atenção será dada às condições existentes nos momentos antes do inicio do novo governo e àquelas que o presidente encontra quando ocupa o cargo.

A Constituição de 1988 deu amplos poderes ao presidente em comparação com o Poder Legislativo. Segundo Shugart e Carey (1992 *apud* ALMEIDA e MOYA, 1997), o Brasil possui um dos maiores índices de concentração de poder no Executivo, incluindo os poderes de: direito presidencial ao veto total e parcial à legislação aprovada no Congresso; poder exclusivo de emitir decretos – através de medidas provisórias (MPs); iniciativa na proposta orçamentária; exclusividade de propor legislação sobre certas matérias. Assim, a presidência tinha recursos institucionais, além de um histórico prévio intervencionista, que lhe asseguraram instrumentos de poder maiores que o Congresso. No entanto, o último possuía capacidade constitucional de bloquear políticas e poder de influir na definição das políticas adotadas.

A maior novidade relacionada à política externa na Constituição de 1988 foi o estabelecimento de princípios para regimento das relações internacionais, que passaram a ser garantidos pelo artigo 4º: independência nacional, prevalência dos direitos humanos, autodeterminação dos povos, não-intervenção, igualdade entre Estados, defesa da paz, solução pacífica de conflitos, repúdio ao terrorismo e racismo, cooperação entre os povos, concessão de asilo político, além da busca pela integração com os povos da América Latina.

Um exemplo sobre o modo de atuação do Executivo é a política de privatizações, política que esteve atrelada às reformas estruturais de Collor,

> [...] o Executivo não apenas constituiu a força propulsora do processo, como foi basicamente sua a responsabilidade pela concepção do programa que, com cautela, vem reduzindo a participação direta do Estado na produção de bens e prestação de serviços públicos. O Congresso atuou sobre uma pauta que não foi por ele definida. Mas sua atuação não foi irrelevante. Todo o arcabouço legal da política de privatização foi discutido e negociado no Legislativo (ALMEIDA e MOYA, 1997, p. 16)

Em relação a este tema específico, o presidente tinha apoio da maioria dos congressistas, que eram a favor de mudanças no papel do Estado – apenas 15% da Câmara e 6% do Senado apoiavam o *status quo*. Por outro lado, a maioria era partidária de posições moderadas, ou seja, de reforma do Estado e liberalização graduais e negociadas, com a convergência em torno de soluções intermediárias que significassem o fim do monopólio do Estado, mas sua permanência ativa em determinadas áreas (ALMEIDA e MOYA, 1997). Este tema, junto com o processo de desregulamentação, liberalização unilateral e tentativa de estabilização macroeconômica, foi parte de um processo amplo de reformas iniciado durante o Governo Collor.

Em uma análise que considera o marco temporal de 1988 a 2007, Figueira (2009) concluiu que a última Constituição garantiu um aumento do controle do Executivo em relação ao Legislativo em política externa. A nova Carta extinguiu a responsabilidade do Legislativo de decidir sobre assuntos rotineiros da ação diplomática. Isto possibilitou o aumento de uso dos "Acordos Executivos" de maneira indiscriminada pelo MRE, já que passou a seu encargo decidir sobre os atos que geram compromissos gravosos e, portanto, que precisam passar pela aprovação do Congresso. O resultado foi a continuidade no desequilíbrio decisório em política externaem favor do Executivo, sendo que 78% dos acordos bilaterais e 7% dos acordos multilaterais foram assinados sem aprovação do Congresso, por meio de formato de tramitação simplificado. Por outro lado, houve um aumento da utilização de instrumentos para controle do Executivo, iniciativas para revisão constitucional por meio de Propostas de Emenda a Constituição (PEC), que buscaram maior participação do Legislativo.

O desenho institucional seria responsável, portanto, por um sistema político altamente fragmentado, mas esta condição seria "superada" pelos poderes constitucionais do executivo supracitados.

Assim, consideramos que a fragmentação do sistema político não aparece como um empecilho maior à implementação de um projeto amplo de reforma estatal e liberalização comercial, principais ações atreladas à política externa de Collor, em busca de uma inserção competitiva na economia internacional e de melhora de poder de barganha em negociações internacionais relacionadas à questão da dívida externa e ao comércio internacional multilateral. Por outro lado, não significa que o Congresso foi irrelevante neste processo: os parlamentares utilizaram mecanismos para interferir nos resultados políticos por meio de processos de negociação na aprovação de leis.

O resultado seria que, apesar da fragmentação do sistema e da falta de apoio majoritário no Congresso, Collor conseguiu implementar seu projeto de modernização do Estado. Estas mudanças domésticas faziam parte de seu projeto de inserção internacional; por meio de um novo marco regulatório, o presidente acreditava que poderia mudar os termos das negociações internacionais e obter uma postura cooperativa dos países do centro capitalista. Na política de liberalização econômica, o presidente Collor conseguiu, em período consideravelmente rápido de tempo, alcançar as reformas desejadas, mesmo que cedendo em alguns pontos nas negociações no Congresso, que buscou amenizar as propostas do presidente.

Podemos passar agora ao ponto II, referente à composição social da elite. Além da possibilidade de uma mudança significativa neste grupo social, também é necessário analisar se ocorreu uma mudança nas crenças dos grupos que a formavam.

Armijo e Faucher (2002), em uma análise comparada dos processos de reformas neoliberais no Brasil, México, Chile e Argentina, consideram que, além da ocorrência de uma crise econômica como condição necessária para iniciar o processo, e de altos graus de insulamento político do presidente para promover os ajustamentos, a continuidade do processo dependeria do apoio das elites e das massas.

Segundo os autores, câmbios no poder econômico das elites empresarias resultaram em uma nova composição setorial da economia e na queda de poder de barganha dos sindicatos e um aparente consenso das elites sobre as reformas de mercado, o que permitiu o desenvolvimento de um processo de negociação para acomodar interesses em conflito (ARMIJO e

FAUCHER, 2002). Assim, houve ganho de poder de novas elites frente à chamada "burguesia nacional", historicamente protegida pelo Estado. Além disto, o processo de mudança nos valores, também foi intensificado pelo esgotamento do modelo de Estado-desenvolvimentismo, identificado com o regime militar e com a crise econômica recorrente na década de 1980.

Outro ponto importante na mudança das crenças tem origem nos ganhos relativos da estratégia de privilegiar setores-chave da economia. Abreu (1994 *apud* GUIMARÃES, 2005) defende que a reforma da política comercial foi iniciada por Sarney, tendo Collor, enfatizado o processo com suas reformas estruturais. O autor considera que a estratégia de privilegiar alguns setores da economia gerava custos muito altos, sem vantagens suficientes para superá-los, o que dificultou a manutenção do antigo modelo de desenvolvimento. A deteriorização nas relações bilaterais com os Estados Unidos e nas negociações da Rodada Uruguai (1986-1994) representavam altas restrições à negociação da dívida, já que este era o maior credor.

Outra variável independente utilizada por Armijo e Faucher (2002) para explicar as reformas neoliberais, é a mudança nos valores das massas, já que o processo ocorreu em um regime democrático. Como os custos das mudanças estruturais recaíram principalmente sobre as classes populares, o apoio apareceria como um cenário improvável, mas a identificação dos baixos indicadores econômicos com o modelo corrente teria levado o eleitorado a apoiar mudanças.

Casarões (2011) também consideraque as inflexões observadas na política externa de Collor encontraram grande apoio na sociedade por buscar alternativas ante o desmoronamento do modelo de Estado regulando fortemente a economia. Sendo assim, o neoliberalismo se apresentou como um "ponto de interseção" entre os interesses de diversos setores societários, político-partidários e constrangimentos estruturais do SI.

A mudança das crenças já havia se iniciado antes mesmo da eleição de Collor, quando já se podia falar da existência de uma elite empresarial e industrial majoritariamente neoliberal (VELASCO e CRUZ, 1997). Ademais, o Estado perdera sua credibilidade devido à falta de eficiência na promoção do desenvolvimento econômico.

Esta mudança também já era identificada entre as elites político-burocráticas, pelo início do processo de liberalização comercial em 1988, com a redução de 2400 para 1200 itens de importação vetados e o início de um processo de redução de tarifas alfandegárias gradual, iniciado em 1987 (RICUPERO e DIDONET, 1995 *apud* GUIMARÃES, 2005). No mesmo ano, o ministro da Indústria e Comércio, José Hugo Castelo Branco, e o próprio presidente Sarney já haviam feito declarações de serem favoráveis a abertura e desregulamentação da economia, como questão indissociável da liberdade política do regime recém-instaurado (VELASCO e CRUZ, 1997). A própria vitória de Collor pode ser atribuída a esta mudança nas preferências das elites e das massas, já que ocorreu em oposição ao então candidato Lula, representando a esquerda e defendendo a continuidade do papel do Estado na economia e a manutenção da moratória da dívida externa. Apesar do fraco desempenho no primeiro turno, ocorreu um "agrupamento" de setores interessados na mudança do modelo de Estado, que passaram a apoiar Collor no segundo turno.

Passamos agora a analisar o ponto III referente às fontes domésticas. Este ponto trata do link da política externa com outras políticas públicas. Assim como no Governo Castello Branco, a relação é clara e explicitada nos objetivos definidos para a política externa.

Ancorado em sua legitimidade político-eleitoral, Collor iniciou um processo de reforma do Estado que visava solucionar os problemas econômicos nacionais. Para obter sucesso em seu projeto, além das reformas domésticas, uma mudança no modo de atuação internacional brasileiro seria necessária. O atrelamento entre estas duas esferas se baseou no ideário neoliberal que propunha uma diminuição no papel do Estado na economia através da desregulamentação financeira e da abertura comercial, meios dos países em desenvolvimento superar a crise que os assolava desde a década de 1980.

Assim, o presidente buscava renovar a atuação internacional brasileira aumentando a credibilidade frente aos investidores e credores externos baseando-se em medidas para melhorar as condições econômicas nacionais através da estabilização econômico-financeira, liberalização cambial, fim de subsídios e desenvolvimento de uma nova legislação nas esferas fiscal, patrimonial e administrativa (MELLO, 2000).

O presidente já inicia sua ação no cenário internacional com viagens antes mesmo de sua posse, nas quais passou pelo EUA, Japão, URSS, Alemanha Ocidental, Itália, França, Inglaterra, Portugal e Espanha. A postura ativa na arena internacional teve o objetivo de complementar sua estratégia global de reforma do Estado (FOLHA DE SÃO PAULO, 24.1.1990, p. A-6).

Em seu discurso na abertura da XVI Sessão da Assembleia Geral das Nações Unidas (24/09/1990), Collor se identificou como um presidente eleito para promover a modernização do país e sua plena integração à economia internacional; para isso, realizaria as reformas domésticas necessárias e abriria o país ao comércio internacional. Seu ministro de Estado, Francisco Rezek, na cerimônia de formatura da turma de 1989 do Instituto Rio Branco, apoiou a postura do presidente em definir os desafios externos do país para inseri-lo na modernidade; também ressaltou sua legitimidade em definir a política externa baseando-se em sua trajetória ao cargo de presidente da República e pela autoridade que conquistou ao ousar reestruturar a política nacional (MRE, 1990). Na formatura do ano seguinte (29/05/1990), Rezek relacionou o contexto democrático como indicador da necessidade da política externa seguir a vontade do povo, sendo necessário não desassociar a política doméstica da externa (MRE, 1991).

As ações imediatamente tomadas por Collor e suas intenções, evidenciadas em seus primeiros discursos como presidente, demonstram um alto atrelamento entre seu projeto político nacional e os meios de atuação internacional de seu governo. Este fator pode ser uma das variáveis influentes para a opção do chefe do Executivo em promover um redirecionamento na PEB.

Passamos, agora, às fontes domésticas econômicas. O ponto I refere-se ao cenário de crise econômica encontrado pelo presidente no início de seu mandato. Será analisado um marco temporal dos anos 1986 a 1992, ou seja, que considera as tendências econômicas antes do início do governo até o final do mandato de Fernando Collor.

O presidente ascende ao poder com péssimos indicadores econômicos deixados pelo seu antecessor. Entre os problemas, a questão da dívida externa, recessão econômica e inflação astronômica.

O início da crise da dívida externa se deu no final de 1982, devido a um déficit no balanço de pagamentos de US$ 8,8 bilhões com reservas internacionais de apenas US$ 3,9 bilhões. A dívida externa, principal restrição brasileira nas negociações multilaterais e bilaterais com os Estados Unidos, apresentava crescimento, com aumento do setor público em sua composição. Em 1986, a dívida chegou a US$ 101.759 milhões, sendo 85% pública e aumentou para US$ 107.514 milhões em 1987 (86% pública). Apesar da queda dos valores absolutos em 1988 para US$ 102.555 milhões, a parcela pública continuou subindo, atingindo quase 89%; este ano foi crítico por, além de ter atingido um pico na parcela pública, também ter sido decretada a moratória. Nos anos de 1989 e 1990, os valores absolutos caíram para US$ 99.284 e depois para US$ 96.546 milhões, no entanto, o percentual público da dívida chegou à casa dos 90 pontos percentuais (CERQUEIRA, 1997).

A variação do PIB, que alcançara um crescimento de quase 8% em 1986, iniciou uma tendência de queda nos anos seguintes, caindo para 3,6% em 1987 e chegando a um índice negativo de 0,1% em 1988; apesar de breve recuperação de 3,3% em 1989, voltou a cair 4,3% no primeiro ano de seu mandato. Seguindo uma tendência semelhante, a renda per capita que iniciou o período analisado crescendo 5,8%, caiu para 1,5% e chegou a um decréscimo de 1,9% no ano seguinte; também recuperou fôlego em 1989, subindo 1,4%, mas voltou a cair quase 6% em 1990. O segundo indicador demonstra que mesmo nos melhores anos, o crescimento econômico, se considerado o aumento da população, era fraco ou negativo (WORLD BANK, online).

A balança de pagamentos também apresentava um cenário pessimista, dificultando a possibilidade de pagamento da dívida externa que crescia devido às altas taxas de juros internacionais. Baseado em valores do dólar de 2010, o indicador seguiu a seguinte tendência: déficit de US$ 5.311.000.000 e de US$ 1.452.000.000 nos anos de 1986 e 1987; superávit de US$ 4.156.000.000 e US$ 1.002.000.000 nos anos seguintes; voltando a ficar negativo em 1990, com déficit de US$ 3.823.000.000 (WORLD BANK, online).

A inflação, principal preocupação de Collor e da população brasileira no início da década de 1990, apresentava números assustadores: em 1986 era de 147%, passando para 228% em 1987, 629% em 1988, 1430% em 1989 e 2947% em 1990 (WORLD BANK, online).

Os indicadores demonstram que a situação econômica anterior ao Governo Collor era péssima. Se comparados aos indicadores mundiais e mesmo aos da América Latina, também podemos perceber que o Brasil seguia uma tendência relativamente semelhante à internacional, mas com indicadores consideravelmente piores – os dados agregados mundiais serão analisados na seção seguinte deste livro. Mas baseando-se na conjuntura nacional, podemos constatar que o Brasil passava por uma das piores crises econômicas de sua história. Nossa hipótese é que o cenário de crise econômica é uma variável independente que teria influenciado o Governo Collor a optar por um redirecionamento na política externa.

O ponto II se refere às condições institucionais nas relações entre os grupos econômicos com o Estado. Grande parte das reformas implantadas por Collor visava exatamente mudar o modo das relações entre público e privado. Seu objetivo era semelhante ao de Castello Branco: restabelecer a confiança dos investidores internacionais, obter melhores condições de negociação com os credores externos e aumentar a competitividade das empresas brasileiras na economia global.

Para isso o governo tomou uma série de medidas que redefiniram a regulamentação das atividades econômicas no país. Outro objetivo era acabar com a proteção histórica dada a setores específicos da economia incentivados pelo Estado por serem considerados estratégicos para o desenvolvimento e para a soberania nacional.

O presidente, logo no início do mandato, utilizou seus poderes legislativos para realizar as reformas cotejadas. As medidas provisórias 145 e 158 – posteriormente transformadas nas Leis 8.016/90 e 8.032/90 – reestruturaram regras de taxação para importação e exportação de produtos; as MPs 151, 155 e 157 (Leis 8.029/90, 8.031/90 e 8.018/90) extinguiram entidades da administração pública federal e deram início ao processo de privatização; e as MPs 162, 168 e suas "reedições" 172, 180 e 184 reformaram as condições de atuação no mercado financeiro e instituíram o Cruzeiro.

Com estas medidas, Collor buscou reformular as regras que regiam a atividade econômica e financeira no país. Através desta nova legislação, o Estado passou a atuar de outra maneira em sua regulamentação da atividade econômica, diminuiu seu peso relativo nesta esfera, as regras para importação foram relaxadas acabando com a atuação econômica do Estado em áreas estratégicas e empresas estatais foram privatizadas. O resultado foi uma alteração no modo e que o Brasil passa a negociar acordos comerciais; também se formaram as bases do programa para sanear o problema inflacionário. Uma mudança no marco regulatório da economia poderia ser outro fator influente para a MPE.

Âmbito internacional

A seguir serão consideradas primeiramente as fontes políticas internacionais. Primeiro, uma análise sobre o SI. Como é amplamente sabido, o início dos anos 1990 foi marcado pelo fim da Guerra Fria e isto significou o começo de um período de transição da ordem global sobre o qual se desenvolveram diversas análises para interpretar sua configuração.

Mesmo que a superioridade dos Estados Unidos fosse grande nas áreas militar, política e econômica, outros Estados rivalizavam – URSS ainda possuía considerável poder militar e ascensão econômica das potências europeias e de países asiáticos resultavam em dificuldades à economia estadunidense. Além disso, era de interesse próprio da superpotência dominante o compartilhamento de responsabilidades para gerenciamento da ordem global.

Utilizaremos a definição do SI como uni-multipolar – conceito bastante difundido na literatura (HUNTINGTON, 1992) – em momento de transição. Esta configuração seria, em tese, de um cenário propício à MPE, já que o Brasil deveria se adaptar as mudanças internacionais e poderia aproveitar o fim da rigidez do sistema bipolar.

Ainda assim, algumas outras considerações devem ser feitas. Primeiro, poderiam contestar a ideia de que fim da Guerra Fria seria benéfico à busca da MPE, porque o Brasil já adotava uma política *globalista* no cenário internacional, enquanto os incentivos estruturais eram pelo alinhamento. Em adição, a postura do Brasil antes do processo de MPE era, em linhas gerais, o direcionamento histórico da busca pelo desenvolvimento de forma autônoma, através da desvinculação dos Estados Unidos, sendo assim, a aproximação de Collor à superpotência seria uma diretriz contrária aos incentivos estruturais (MIYAMOTO, 1991).

No entanto, é necessário pensar nas condições do Brasil como um Estado atuando no SI. A PEB nos anos 1980 havia se pautado na formação de coalizões com países do terceiro mundo para reivindicação de mudanças. Esta prática se mostrara cada vez mais ineficiente pela diversificação crescente de interesses, diferenças geografias e competição pela exportação de produtos e serviços de categoria semelhante; a criação da Organização dos Países Exportadores de Petróleo (OPEP) também significou uma divisão no bloco dos países em desenvolvimento. Adicionalmente, durante a administração de Ronald Reagan (1981-1989), a categoria do Brasil foi alterada para país de industrialização recente, acabando com qualquer tipo de tratamento especial e inviabilizando a aliança tupiniquim com a maioria dos países do G-77 (PRADO e MIYAMOTO, 2010).

A busca do Governo Reagan de recuperar a hegemonia econômica dos EUA significou o aumento da pressão sobre os países em desenvolvimento para adotarem medidas de desregulamentação da economia, abertura comercial e reformas internas para garantir os direitos de empresas internacionais e de patentes; todas essas práticas, constituintes do ideário neoliberal passaram a ser condicionantes à renegociação da dívida externa dos países devedores. O fracasso econômico dos países em desenvolvimento e a explosão das dívidas externas diminuíram o poder de barganha política e aumentou a vulnerabilidade econômica destes países, aumentando a pressão para a adesão às reformas propostas. Esses fatores levam a crer que o incentivo primordial do SI era para uma MPE para aproximação aos EUA.

Em relação ao ponto II, referente ao papel das instituições e normas internacionais, os incentivos e restrições do SI seguiram na mesma linha. As negociações da Rodada Uruguai (1986-1994) do GATT demonstram a dificuldade que os países em desenvolvimento encontraram para defender demandas coletivas. O Brasil formou o G-10, do qual foi líder em conjunto com a Índia, em busca de defender temas relevantes para suas economias, como os setores agrícola e têxtil, e o maior acesso a mercados para seus produtos; a estratégia também englobava a não inclusão dos novos temas da agenda de negociações comerciais (serviços, propriedade intelectual, inclusão de tratamento diferenciado para os países em desenvolvimento e medidas de investimentos). Frente à forte pressão dos EUA e à dependência econômica, o Brasil terminou por aceitar a inclusão dos novos temas nas negociações, quebrando a coalizão formada: o resultado foi que os países em desenvolvimento tiveram o pedido por tratamento especial negado, obrigando-os a implementar medidas de abertura comercial (PRADO e MIYAMOTO, 2010).

Os termos das negociações com as instituições financeiras internacionais também não eram favoráveis ao Brasil. A pressão destes organismos, em conjunto com os Estados Unidos, iniciada com a política neoliberal do Governo Reagan se institucionalizou com o Consenso de Washington. Na reunião ocorrida em novembro de 1989, da qual participaram funcionários do governo estadunidense, de organismos internacionais (BM, FMI e BID) e economistas latinoamericanos, para avaliar as reformas econômicas necessárias nos países da América Latina, foram "acordadas" regras para a solução dos problemas econômicos da região. O mau desempenho econômico dos países do subcontinente, resultante também de fatores externos – alta do petróleo, aumento das taxas de juros internacionais, deteriorização dos termos de troca, queda do investimento estrangeiro – passou a ser creditado primordialmente à ineficiência do Estado. Os dirigentes da região, com o poder de barganha enormemente afetado pela dependência econômica, passaram a aceitar o receituário oriundo dos países do centro (BATISTA, 1994).

O presidente Collor, quando assume o poder, já encontra uma situação desfavorável para as negociações com estes organismos internacionais. Para a solução do problema da dívida externa no longo prazo, algumas tentativas frustradas significaram a deteriorização nos termos de negociação. O Plano Baker (1985) marcou uma mudança na política externa dos EUA, que passou a renegociar o montante total das dívidas externas, mas condicionando as novas negociações à adesão às políticas neoliberais com reformas estruturais e à inclusão dos novos temas na Rodada Uruguai (serviços, patentes etc.) (GUIMARÃES, 2005).

Em 1988, o *mid-term review*, elaborado durante a Reunião Ministerial da Rodada Uruguai, realizada em Montreal, instituiu o *Trade Policy Reviews* que se tratava de um instrumento para aumentar a transparência dos

Estados-membros, que se tornaram obrigados a informar seu desempenho econômico para que o GATT pudesse analisar se estavam seguindo as regras. Esta mudança tinha como objetivo evitar os "caronas"(o Brasil era considerado um deles) e forçar os membros a implantar as reformas estruturais no âmbito doméstico (WORLD TRADE ORGANIZATION, online). Isto também representou maior pressão, via instituições internacionais para a adequação da PEB.

Passando ao nosso ponto III das fontes políticas internacionais, analisaremos os fatores regionais: presença do *hegemon*, integração regional e "ondas" de MPE. A conjuntura latinoamericana se apresentava, em linhas gerais, com contornos econômicos e políticos muito semelhantes. No campo econômico, a crise do modelo de Estado-desenvolvimentismo, altas taxas de inflação e a crise das dívidas externas; no político, o fim dos regimes militares e a transição democrática ainda em seu estágio inicial.

Dada as condições econômicas frágeis na América Latina, a insatisfação das massas e das elites com a ineficiência do Estado na regulação da economia resultou na ascensão, durante as primeiras eleições diretas após longos períodos de regimes fechados, de líderes comprometidos com a realização de reformas no Estado e na economia.

A difusão das receitas de reforma sob a "máscara" de conhecimento técnico-científico aproveitou-se de um período de crise que permitiu aos especialistas a produção de consensos, levando a penetração destas ideias nas elites Estadoslatinoamericanas com interesses comuns aos do capital financeiro internacional (MELO e COSTA, 1995).

A crescente interdependência econômica e o protecionismo resultante do mau desempenho da economia internacional levaram a adoção, em diversas áreas geográficas, de modelos regionalistas de integração. A partir da percepção recíproca de interesses e dificuldades comuns entre Brasil e Argentina – ambos enfrentavam crises econômicas, sofriam pressões internacionais, passavam por processos de democratização, precisavam de mercado para exportação de seus produtos etc. – a aproximação entre os vizinhos apareceu como uma estratégia interessante para formar uma plataforma de inserção conjunta na economia internacional e aumentar o poder de barganha em negociações com outras partes (PRADO e MIYAMOTO, 2010).

A adoção concomitante de modelos econômicos semelhantes também foi um elemento facilitador do processo de integração. Nossa hipótese é que o processo de integração, iniciado no Governo Sarney, as crises econômicas, as transições democráticas contemporâneas e a pressão do *hegemon* sobre a região foram variáveis independentes influentes sobre nossa variável dependente.

Passamos agora às fontes internacionais econômicas. O primeiro ponto foca na situação da economia mundial. Apesar de a economia brasileira ter acompanhado a tendência mundial durante o período, ela apresentava indicadores piores devido aos problemas da dívida externa, inflação etc. O PIB mundial iniciou o período crescendo em bom ritmo de 3,35% em 1986, 3,5% em 1987, 4,6% em 1988 e 3,7% em 1989; depois iniciou um processo de desaceleração, crescendo ao passo de 2,9% em 1990, a 1,55% em 1991 e a 2,1% em 1992. Descontado o crescimento populacional, o PIB per capita variou 1,5%, 1,7%, 2,8%, 2%, 1,2%, -0,6% e 0,6%, entre os anos de 1986 e 1992. Apesar de apresentar uma tendência de queda, que deu seus primeiros sinais em 1989, o quadro da economia internacional era de crescimento no momento em que Collor chega ao poder (WORLD BANK, online). A queda no ritmo de crescimento a partir de 1990 pode ter sido um dos responsáveis pelo fraco desempenho conseguido por Collor com suas reformas internas.

Para piorar as condições econômicas brasileiras, as taxas de juros internacionais, da *Prime-rate* (agência estadunidense) cresciam: em 1986 teve uma média anual de 7,5% e subiu no ano seguinte para 8,75%; após novo aumento para 10,5% em 1988, manteve-se nesse patamar em 1989, caindo levemente para uma taxa média anual de 10% em 1990. O aumento dos juros internacionais dificultaria a solução do problema da dívida externa (CERQUEIRA, 1997).

A América Latina possuía indicadores piores que a média mundial, mesmo assim, melhores que os brasileiros. A média do crescimento do PIB foi alta nos anos 1986 e 1987 (4% e 3,2%) e baixa de 1988 a 1990 (0,7%, 1% e 0,3%), alcançando altos índices em 1991 e 1992 (4,2% e 3,6%). O crescimento do PIB per capita seguiu a mesma tendência de variação, pois foi baixo nos anos de 1986 e 1987 (2% e 1,2%) e negativo nos três anos seguintes (1,2%, 0,8% e 1,5%), voltando a crescer em 1991 e 1992 a taxas positivas de 2,3% e 1,8% (WORLD BANK, online). Se comparada ao Brasil, a região se destaca pela recuperação no crescimento a partir de 1990, superior até à média mundial; esta diferença pode ter resultado de melhores efeitos das reformas na região, no curto prazo, demonstrando a relativa ineficiência das medidas econômicas de Collor.

O importante aqui, para nossa análise, é que, apesar da economia internacional apresentar uma tendência de queda – mesmo assim crescendo – nos anos anteriores à posse de Fernando Collor, ela crescia a ritmos superiores ao nacional, o que pode ter sido determinante na decisão do presidente em alterar a política macroeconômica e seu marco regulatório, fatores que teriam sido determinantes na definição das linhas do novo projeto de inserção internacional brasileiro.

As condições institucionais das relações econômicas, nosso ponto II, também eram desfavoráveis ao Brasil. As relações bilaterais com os Estados Unidos passavam por uma deteriorização progressiva devido à falta de interesse da Administração Reagan na América Latina e às pressões para liberalização comercial e fim do tratamento especial ao Brasil pela sua classificação como país de industrialização recente (CASARÕES, 2011). O mecanismo do super-301, de legislação aprovada nos EUA em 1988, permitia à *United States Trade Representatives* a retaliação a países com barreiras de comércio consideradas "injustas", substituindo o presidente nesta função. Assim, o presidente não arcava mais com os custos políticos da retaliação e os interesses setoriais em disputa no Congresso norteamericano poderiam pressionar para punir países que competiam com setores de sua economia em condições consideradas favoráveis. A alta vulnerabilidade e a dependência econômica, resultantes da crise econômica nacional e da crescente dívida externa, enfraqueceram determinantemente o poder de barganha brasileiro nas negociações internacionais multilaterais e com credores privados da dívida (GUIMARÃES, 2005).

Como já dito anteriormente, as negociações na Rodada Uruguai do GATT, as reformas "sugeridas" pelo Consenso de Washington, assim como as condições para renegociação da dívida externa pressionaram o Brasil para implementar mudanças em sua política econômica. O resultado foi que tais pressões podem ter influenciado na adoção de novas diretrizes na atuação internacional brasileira: a investida de Collor em se aproximar dos países desenvolvidos e a referência a reformas internas como incentivo a renegociar a dívida e aumentar os investimentos estrangeiros no país foram estratégias que responderam às pressões sistêmicas, do *hegemon* e das instituições financeiras internacionais, consideradas aqui, como variáveis independentes na MPE.

CONDIÇÕES PARA A MUDANÇA DE POLÍTICA EXTERNA

Janela Política

Passamos, agora, a identificar a influência das fontes sobre a política doméstica e as condições que influenciaram na abertura de uma janela política. São cinco características que enumeramos para identificar este cenário que, conjuntamente, tornariam a MPE mais provável.

(1) *Baixo comprometimento do governo com a política externa existente.* Desde o período eleitoral, Collor já planejava uma alteração nos rumos da política externa. Isto se mostrou claro em seu discurso de posse, proferido no Senado no dia 15 de março de 1990. O presidente eleito já apontou a

necessidade da política externa "responder ao momento de afirmação da vontade popular, que quer – e com urgência – a modernização do Brasil [...] a interdependência exige que todo ato de governo seja uma permanente combinação das variáveis internas e externas" (COLLOR, 1992, p. 20). Collor afirmou, ainda, que a disposição nacional em abrir o mercado deveria estar associada ao combate eficaz à inflação e à superação da crise econômica do país.

O projeto político do novo presidente, ancorado na premissa de que a PEB deveria "refletir a convicção generalizada que este país quer mudar, e mudar depressa" (MRE, 1990, p. 7) demonstra a relação da política externa com a ideia de mudança, apontando para seu baixo comprometimento com a política externa anterior. As diversas MPs expedidas pelo presidente, muitas delas logo nos primeiros dias de seu governo, também evidenciam sua intenção em alterar o marco constitucional da política econômica que influenciariam no meio de atuação internacional brasileira.

Sua intenção de descaracterizar o perfil terceiro-mundista por meio da inserção do Brasil no grupo dos países desenvolvidos, atualizar a agenda internacional brasileira pelo abandono da postura defensiva e melhorar as relações com os Estados Unidos (HIRST e PINHEIRO, 1995), demonstram que o presidente considerava a política externa anterior, identificada, em linhas gerais, com o paradigma "globalista", como ineficiente. A principal exceção foi a política de integração regional, com a qual o presidente se comprometeu a dar continuidade.

(2) *Alternativas políticas.* Assim como no período Castello Branco, apesar do fim da Guerra Fria, a agenda política na virada para a década de 1990 se polarizava entre dois projetos nacionais evidenciados nas eleições de 1989. Apesar de alguns candidatos terem uma postura mais centrista, como o presidenciável Mário Covas, as propostas variavam entre: a vertente esquerda, identificada principalmente com as figuras de Lula e Brizola, que defendia a continuidade da moratória da dívida e do modelo de Estado

nacional-desenvolvimentista existente; e a direita, que propunha as mudanças no Estado em direção ao modelo neoliberal, identificada com os presidenciáveis Fernando Collor e Paulo Maluf.

Assim como no Governo Castello Branco, a inexistência de um leque amplo de alternativas políticas na agenda nacional não parece ter sido um empecilho ao processo de MPE. A simples emergência de uma alternativa na agenda se mostrou como condição suficiente para resultar no apoio eleitoral ao modelo e consequente implementação do mesmo após a configuração da vitória de um dos candidatos que a defendia.

(3) *Saliência do tema na política doméstica.* O cenário político no momento da entrada de Collor era de intensos debates, não necessariamente sobre temas de política externa, mas resultante do cenário de redemocratização pelo qual passava o país. A discussão pública e o embate entre interesses conflitantes apareciam principalmente devido a esta condição de transição por qual passava o regime político. A concretização de diretrizes gerais para a política externa pela inclusão de princípios para regimento das relações internacionais na Constituição de 1988, já representara um aumento significativo no debate sobre o tema.

Complementarmente, as mudanças estruturais do SI também representaram uma rica pauta para discussão, pois afetaram diretamente os meios da atuação externa brasileira. A discussão em torno dos problemas enfrentados na economia contrapunha duas correntes explicativas: uma relegava às fontes internacionais os problemas da dívida externa (aumento das taxas de juros, preços do petróleo etc.) e do atraso tecnológico (não transferência de tecnologia pelos países ricos); a outra "assumia a culpa" pelo atraso econômico.

No projeto de "Reconstrução Nacional" de Collor (1990) constavam temas relacionados à política externa. O projeto de modernização da economia passava pela busca de inserir as empresas brasileiras na economia internacional e dependia do processo de liberalização e desregulamentação da economia, seguindo a tendência das pressões internacionais. A preocupação com a ecologia também refletia uma das estratégias que Collor utilizou para melhorar a imagem internacional do Brasil e sua intenção de transformar este tema em um componente do *soft power* da PEB. Por fim, o presidente dedicou considerável atenção a posição do Brasil no mundo contemporâneo e nos meios como esta condição poderia ser alterada. A inserção deste tema nas discussões eleitorais também representou uma novidade para o país, significando o aumento da discussão pública em torno da temática.

(4) *Cenário de crise*. Os indicadores econômicos, como já especificados na seção anterior, demonstraram a conjuntura problemática que Collor encontrou. Além de uma tendência de queda no PIB, a alta inflação, o déficit na balança de pagamentos e a dívida externa crescente caracterizavam os fracos resultados econômicos alcançados pelo Governo Sarney. O Brasil passava por uma forte crise econômica.

A liderança política também passava por uma crise de legitimidade. Após o fracasso das diretas já, a eleição indireta de Tancredo Neves teve um importante significado político. Mas sua morte antes mesmo de assumir o cargo levou a ascensão de seu vice à presidência, resultando em uma baixa legitimidade política do novo líder. O período de sua presidência foi marcado por conturbadas disputas entre diversos grupos de interesse que buscavam direcionar as transformações necessárias ao processo de transição para um sistema com maior liberdade política e econômica. A reconstituição dos partidos e o retorno dos sindicatos à vida política nacional levaram à maior mobilização social e ao aumento das tensões em torno dos ganhos e prejuízos relativos resultantes das reformas (PRADO e MIYAMOTO, 2010). Este cenário de crise seria propenso à implementação de reformas políticas (e provavelmente de uma MPE).

(5) *Mudança de regime*. Apesar da mudança de governo ter ocorrido dentro de regras estabelecidas pela Constituição de 1988, ocorreu por meio

da primeira eleição presidencial direta no Brasil depois de um longo período de regime fechado. O processo eleitoral significou o renascimento do debate público em torno dos rumos nacionais, o resultado foi a escolha pelo povo de um líder com um projeto para mudar o país.

Apesar da mudança de governo não ter representado uma mudança no regime político através de um golpe de Estado, como no caso de Castello Branco, teve impacto importante por ter levado a substituição de considerável grupo no poder. Se considerarmos a tipologia de Hagan (1989) que classifica a mudança de regime em cinco tipos, a transição para o Governo Collor pode ser caracterizada como do "tipo 4", aquela em que há substituição da totalidade do grupo no poder por outro grupo de orientação política oposta. Esta classificação só é considerada menos "radical" que aquela de "tipo 5", em que há substituição do grupo no poder, através de um processo revolucionário, por outro anti-sistema. Uma mudança significativa na composição do regime teria como resultado o aumento da probabilidade na MPE.

Estabilizadores

Passamos, agora, a analisar a influência que as fontes e a janela política tiveram sobre os estabilizadores, fatores considerados no esquema analítico, como empecilhos estruturais ao processo de MPE.

O primeiro grupo remete ao papel das burocracias e das instituições políticas na continuidade da PEB. Ele é subdividido entre a multiplicidade de ministérios e agências na formulação da política externa e o papel dos SOP, normas de funcionamento institucionalizadas nas burocracias.

O papel das burocracias e, principalmente, do Itamaraty na definição da PEB do Governo Collor é motivo de controvérsias. Batista (1993), por exemplo, relega ao presidente o processo de MPE, afirmando que o MRE não teria participado da definição da PEB naquele período. Arbilla (2000) considerou que a busca de resultados imediatos por Collor resultou na marginalização dos quadros burocráticos do Itamaraty através da adoção de um modelo de "presidencialismo imperial", da eliminação do cargo de secretário-geral das Relações Exteriores e da quebra do consenso dentro da própria corporação diplomática.

Por outro lado, Celso Amorim (1997) considera que o MRE teve um papel de contrapeso e defendeu as negociações de maneira mais cuidadosa para obter concessões em resposta à abertura comercial brasileira, representando um agente da mudança, mas dentro dos padrões de adaptação, característicos das estruturas burocráticas. O embaixador Flecha de Lima, considera que, no período, havia dois agrupamentos distintos no MRE, liberais e nacionalistas, sendo que o primeiro apoiava o projeto nacional de Collor (CASARÕES, 2011). Moreira (2001 apud CASARÕES, 2011) aponta que o MRE era um foco de resistência às mudanças, defendendo a abertura de modo gradual, uma posição semelhante à de Celso Amorim. O MRE não teria, portanto, resistido à inovação pela preponderância do poder do presidente, que com as MP realizou reformas que mudaram as bases para as negociações internacionais, mas buscou adaptar-se à mudança para participar da implementação e desenvolvimento da política externa dentro desta nova conjuntura (CASARÕES, 2011).

Outros acontecimentos tiveram impacto sobre o ambiente formulador da PEB: a publicação do Decreto nº 99.578 (10/10/1990) consolidou mudanças administrativas no Itamaraty iniciadas no Governo Collor com o Decreto nº 99.261 (23/05/1990); o último instituiu uma mudança na estrutura burocrática da casa, resultando na divisão da Secretaria-Geral em três instâncias. Segundo entrevista de Francisco Rezek, concedida a Casarões (2011), "a tripartição serviria, assim, para evitar a concentração de poder inaugurada por Paulo Tarso na Secretaria-Geral e que poderia, dependendo de quem a ocupasse, reduzir o controle do presidente sobre a estrutura do ministério" (p. 160).

A mudança na Secretaria-Geral também pode ser interpretada como uma iniciativa de Collor para dividir o poder desta seção de comando do MRE, com o objetivo de aumentar sua influência sobre a burocracia e promover seu projeto de política externa.

O Decreto nº 99.578 também criou o Departamento de Meio Ambiente que significou uma nova área de atuação no Itamaraty e a inclusão de uma nova tarefa para o ministério; a inclusão desta área temática, de grande importância na política externa de Collor, pode ser interpretada como uma iniciativa do presidente em aumentar a importância da burocracia em regular uma área exógena a suas competências, um meio de barganhar apoio político dentro da casa.

Por outro lado, a criação do "super-ministério" da Economia (Ministério da Economia, Fazenda e Planejamento – MEFP), que passou a comandar toda a negociação da dívida externa, significou a perda de espaço do Itamaraty nesta competência; no entanto, este processo já se configurava desde o Governo Sarney, com crescente importância do Banco Central e do Ministério da Economia neste tema. A equipe econômica, encabeçada por Zélia Cardoso de Mello, tinha como novidade a presença de um embaixador, Jório Dauster, mas a equipe foi dominante nas negociações da abertura econômica e na negociação da dívida externa. A presença do embaixador também pode ser interpretada como uma concessão política, de Collor para o MRE, em busca de apoio ao seu projeto.

Complementarmente, Amorim (1997) aponta que o Ministério da Indústria e Comércio e o Banco Nacional de Desenvolvimento (BNDES) tiveram um importante papel na política industrial e no processo de abertura comercial, enquanto o Ministério de Ciência e Tecnologia aparecia como uma agência mais próxima da postura nacionalista, identificada com os governos anteriores.

Apesar da diversidade de áreas temáticas e da variedade de ministérios responsáveis por tarefas relacionadas à política externa, a concentração de poder no MEFP, e os poderes presidenciais garantiram a iniciação do processo de mudança. O MRE, por sua vez, aceitou a mudança, considerada pela maioria da casa como inevitável, mesmo que parte de seus quadros defendesse o *status quo*, buscou agir de modo a balancear o processo de abertura para torná-lo menos radical, tendo um papel importante no Governo Collor (AMORIM, 1997). A existência de diversas instituições burocráticas atuando em temas relacionados à política externa não significou necessariamente um empecilho à MPE de Collor; o presidente agiu conseguindo apoio dentro do MRE e utilizando seus poderes legislativos para iniciar seu "projeto nacional".

Quanto aos SOP, pode-se dizer que alguns procedimentos cotidianos tiveram que mudar com as medidas adotadas por Collor. A mudança na Secretaria-Geral, independente dos objetivos do presidente, resultou em novos padrões de relações dentro da Casa.

A MP 150 mudou as regras de aposentadoria, criando o tipo "expulsória", segundo a qual os ministros de Primeira Classe, de Segunda Classe e o Conselheiro passariam a ser transferidos para o Quadro Especial do Serviço Exterior (deixando suas funções) ao completar respectivamente, 65, 60 e 58 anos de idade ou 15 anos na mesma classe. Alocados neste novo quadro, os ministros poderiam trabalhar até a aposentadoria compulsória, aos 70 anos de idade. Esta medida teve o efeito de aumentar a rotatividade em determinados cargos, o que poderia ter efeitos benéficos à MPE, abrindo espaço para diplomatas mais novos, e possivelmente, menos identificados com o antigo paradigma.

Outra medida foi mudar regras vigentes do Decreto nº 94.327 (12/05/1987), nas quais o presidente nomeava apenas o secretário-geral das Relações Exteriores, os subsecretários-gerais, o inspetor-geral do Serviço Exterior e o chefe de Gabinete do ministro de Estado. Através do Decreto nº 99.261, o presidente passou a nomear, além dos cargos já mencionados e dos cargos criados pela subdivisão da Secretaria-Geral, os seguintes cargos:

chefes de Departamento, chefe de Cerimonial, diretor do Instituto Rio Branco e chefe da Secretaria de Recepção e Apoio. Estas ações de Collor podem ter minado procedimentos institucionalizados no Itamaraty, facilitando seu trabalho de atrair parte do quadro diplomático para seu projeto de MPE.

O segundo grupo de estabilizadores refere-se às ideias, englobando a questão de sua institucionalização e o repertório de alternativas.

O paradigma de política externa "globalista" e o modelo de Estado desenvolvimentista compunham o tipo de inserção internacional brasileira há quase duas décadas. O "auge" deste modelo é considerado a política externa do "pragmatismo responsável" do Governo Ernesto Geisel (1974-1979); seu "embrião" teria sido a PEI, do Governo Jânio Quadros (1961), que depois de um curto período de ruptura durante o Governo Castello Branco (1964-1967), retornou de forma gradual já a partir do Governo Costa e Silva (1967-1969).

A política externa "globalista" incorporou a matriz econômica na proposta de reformas das relações internacionais para tornar o SI mais propício ao crescimento dos países em desenvolvimento. O paradigma pregava os princípios de neutralidade, de não alinhamento à lógica da Guerra Fria e união dos países do Terceiro Mundo para reivindicar mudanças nas estruturas rígidas do SI, que impediam o acesso à tecnologia e remetiam a disputa internacional à esfera militar. A conduta buscava, através da diplomacia econômica multilateral, complementar outras políticas governamentais de desenvolvimento (LIMA, 1994).

Este tipo de inserção internacional era, portanto, um complemento ao modelo de estado-desenvolvimentista. Este garantiu o desenvolvimento do parque industrial em áreas estratégicas, permitindo a criação de tecnologia nacional ao menos de alguns setores. Dada também a conjuntura internacional, o Brasil conseguiu sucesso econômico com esse modelo durante a década de 1970, marcada por um alto crescimento no PIB.

Mudanças na economia internacional resultaram em problemas ao paradigma: a nova economia internacional (desregulamentação, negociações multilaterais do GATT) minou a posição negociadora baseada nos princípios do terceiro-mundismo. Como consequência, o Brasil precisou reexaminar os custos em ter uma economia fechada. As altas taxas de juros e do preço do petróleo tiveram forte impacto sobre a economia doméstica, levando ao crescimento exponencial da dívida externa. Esta nova realidade significou a perda de poder negociador do Brasil na arena internacional e o esfacelamento do bloco terceiro-mundista.

A adoção deste modelo por período alongado representou sua institucionalização e a acomodação de setores da economia em suas bases de funcionamento, dificultando processos de mudança e de adaptação aos câmbios internacionais. Além de uma mudança na percepção das elites e da população sobre o papel do Estado, dentro dos segmentos políticos, também se passou a defender a necessidade de modernização do Estado e de inserção na economia internacional.

Assim, apesar de certos setores da economia nacional e algumas agências burocráticas (principalmente o Ministério de Ciência e Tecnologia), serem privilegiados e/ou identificados com o modelo existente, terem tentado barrar as mudanças, a eleição de Collor representou o "aval" nacional à política de modernização. As reformas de Collor englobaram a eliminação de uma lista de mais de mil itens, cuja importação estava suspensa (Anexo C), a redução e uniformização das alíquotas dos impostos de importação e a extinção de regimes especiais de importação (PINHEIRO e ALMEIDA, 1995).

As ideias institucionalizadas foram substituídas por conceitos inseridos por Collor em seu programa de governo, tais como "modernização", "mudança" e "inserção internacional". O conceito de "modernização" foi atrelado a "mudança" na economia, por meio da privatização e da abertura econômica, como um meio de complementar a liberdade política recém-conquistada, e também atrelada à necessidade de vincular a política externa à doméstica, já que a modernização nacional seria a afirmação da vontade do povo. A ideia de "mudança" foi inserida em diversas pautas de seu governo: a) na questão ecológica, que seria um dos instrumentos para aumentar o poder de barganha brasileiro em negociações internacionais, visava transformar o Brasil em um líder nesta nova pauta da agenda global; b) na leitura do cenário internacional, que passava por câmbios estruturais, deu substrato conceitual a necessidade de abertura econômica; c) na política doméstica, se baseou em sua pauta de "caça aos marajás" e moralização do serviço público. Por fim, a ideia de "inserção internacional" aparecia relacionada à necessidade de se pensar novos meios de integrar o Brasil ao sistema mundial e sintonizar a política externa com os objetivos de reconstrução nacional (COLLOR, 1990).

A instrumentalização destes conceitos permitiu ao presidente apresentar um projeto nacional alternativo ao existente. Seu principal adversário na campanha eleitoral, Lula, teve sua imagem atrelada à continuidade por defender a moratória da dívida externa e o modelo de desenvolvimento existente. Esta proposta, no entanto, estava relacionada ao período do regime militar e ao cenário de crise econômica corrente. Portanto, frente às percepções da sociedade sobre o modelo existente e uma mudança nas crenças e valores, a ascensão de um modelo alternativo ganhou grande adesão.

O terceiro grupo de estabilizadores remete ao contexto internacional. O foco será primeiramente nas normas e nas organizações internacionais, que seriam possíveis restrições à MPE.

Os fortes laços de interdependência e o incentivo maciço dos Estados Unidos em realizar as rodadas de negociações comerciais do GATT (além da perda de capacidade negociadora do Brasil), representaram um cenário restrito para a atuação internacional brasileira. Em tese, seriam condições desfavoráveis à MPE, mas a distinção necessária a se fazer é que estes instrumentos representaram uma pressão pró MPE.

Durante a Guerra Fria, a política externa dos Estados Unidos mantinha uma postura neutra em relação às reformas domésticas e aos regimes políticos nacionais, desde que fossem aliados políticos do Ocidente (AYERBE, 1992). O fim da bipolaridade representou a quebra de um sistema estrutural rígido e início de um período de transição. No entanto, não representou ao Brasil a abertura para sua política externa de uma série de alternativas políticas, mas resultou em pressão para a adequação e atualização da agenda internacional em direção ao modelo patrocinado pela superpotência dominante.

O quarto grupo de estabilizadores engloba as restrições domésticas ao processo de mudança. Em relação ao sistema político, a discussão realizada na primeira seção argumentou que, apesar de ser altamente fragmentado, devido ao sistema de partidos e à configuração federalista, os poderes legislativos do presidente garantiram-lhe o poder de iniciar os processos de reformas.

Por mais que houvesse grupos contrários às reformas, tanto dentro do Itamaraty e de outros ministérios quanto no Congresso, estes segmentos só conseguiram imprimir um ritmo menos acelerado às iniciativas de Collor. As medidas provisórias, ao serem transformadas em leis, tiveram pouco de seus textos mudados no Congresso; a alta disciplina partidária dos congressistas e a formação de uma coalizão para a base de governo ajudaram neste processo. Mesmo que o processo de abertura comercial tenha encontrado um contrapeso no MRE, não foi freado; a intenção da casa era diminuir as concessões unilaterais de abertura, para barganhar a abertura a concessões de outros países nas negociações internacionais.

Na relação entre Estado e sociedade, em tese, em Estados fechados – menos sensíveis à opinião pública e mídia – a iniciação de projetos de MPE é facilitada. Ao mesmo tempo, são aqueles nos quais as mudanças oriundas de demandas sociais serão raras. Assim, a redemocratização teria o papel de mudar esta relação, garantindo maior espaço para reivindicações populares em relação à política externa.

O processo de abertura surtiu alguns efeitos que podem ter influenciado positivamente na MPE. Em contraposição ao Governo Castello Branco – em que a MPE pode ter sido facilitada pelo caráter crescentemente fechado do regime – o Governo Fernando Collor, dentro de um contexto de crescente abertura do Estado para supervisão pela sociedade, pode ter conseguido imprimir novos rumos à política externa por ter o apoio popular em suas reformas para a "modernização nacional".

Ao mesmo tempo, a política externa passaria a ter três tipos de preocupação: unidade na construção de regras de atuação pela dificuldade de discernir os interesses internacionais; necessidade de controlar os impulsos internos, dado a variedade de temas e grupos sociais a serem contemplados; variedade de interlocutores a serem considerados para maximizar os interesses das diversas arenas decisórias (LAFER e FONSECA, 1994). Estas novas implicações da política externa, resultantes da democratização, teriam como efeito barrar qualquer tentativa de mudança radical nas diretrizes internacionais, o que pode explicar o contrapeso do Itamaraty e do Congresso ao "moldar" as iniciativas de Collor para uma posição mais próxima do centro.

De qualquer maneira, os poderes do Executivo, tanto legislativos, quanto político-eleitoral, garantiram ao presidente o poder de iniciar o processo de mudança, restando aos setores mais identificados com o modelo anterior atuar para amenizar as medidas propostas. O apoio eleitoral também serviu de base para a legitimação da mudança.

Processo decisório

Os principais atores com poder decisório, determinantes no processo de MPE, eram: o presidente da República, principal autoridade decisória no sistema político brasileiro que, desde sua campanha eleitoral, defendia a necessidade de imprimir novos rumos à política externa; MRE, apesar de ter representado um contrapeso ao projeto de liberalização de Collor, seu ministro apoiou a política do presidente, sendo um interlocutor do último dentro do Itamaraty; Ministério da Economia, Fazenda e Planejamento: mesmo não tendo poder decisório no que se refere à implantação da PEB, desenvolveu o projeto econômico do novo governo e, apoiado nas medidas legislativas do presidente, promoveu a reforma da economia brasileira, além de ter maior poder decisório nas negociações da dívida externa e em parte da negociação comercial.

Vistas as restrições que o SI impunha ao Brasil, o presidente Collor buscou atuar na arena externa para garantir a efetividade de suas políticas públicas. Antes mesmo de assumir o cargo, no mês de janeiro já iniciou seu projeto através da diplomacia presidencial. No dia 3, partiu em viagem à Itália onde se reuniu com seus assessores econômicos, Zélia Cardoso e Daniel Dantas, para redefinir sua proposta sobre a dívida externa. Nos dias seguintes passou por Londres e Paris onde se reuniu com empresários e credores internacionais. Após retornar ao Brasil, poucos dias depois, iniciou outra viagem passando por Argentina, Uruguai e Paraguai, na qual fez declarações a favor da integração regional e se comprometeu a continuar processo iniciado por Sarney. No dia 24, iniciou outra viagem internacional no qual passou pelos Estados Unidos, Japão, Rússia, Alemanha, Itália, França, Inglaterra, Portugal e Espanha, encontrando-se com os chefes de governo dos respectivos países. Seu objetivo era divulgar as reformas econômicas que iria realizar e pedir cooperação dos países ricos para renegociar a dívida externa e aumentar os investimentos no país de modo a impulsionar o processo de abertura. Em Nova York, também se reuniu com a elite financeira estadunidense, liderada por David Rockfeller, pedindo um prazo de 100 dias para realizar as reformar e conquistar a confiança do empresariado local (FOLHA DE SÃO PAULO, 4.1.1990, p. A-4; 10.1.1990, p. A-6; 20.1.1990, p. A-4; 21.1.1990, p. A-4; 24.1.1990, p. A-6; 25.1.1990, p. A-7)

No dia 13 de março anunciou sua escolha do ministro do STF, Francisco Rezek, para o cargo de ministro das Relações Exteriores; Rubens Ricupero e Eduardo Moreira seriam os principais auxiliares do chanceler, e Marcos Azambuja o secretário-geral de política exterior. Já no dia 15, Rezek confirmou seu apoio à liberalização da economia e afirmou que orientaria a linha de aproximação ao primeiro mundo abandonando a concepção terceiro-mundista de confronto aos países ricos. O chanceler também defendeu a compulsória na carreira diplomática para dar maior dinamismo à carreira e afirmou que a questão da renegociação da dívida seria feita pela equipe econômica, já que ocorreriam diretamente com instituições privadas (FOLHA DE SÃO PAULO, 13.3.1990, p. Especial-1; 14.3.1990, p. Especial-4; 15.3.1990, p. Especial-4).

Em seu discurso de posse no dia 16 de março, além de outros assuntos já abordados nesse livro, defendeu a abertura econômica criticando "o discurso estéril e irrealista, do pseudo-nacionalismo, da ilusão míope da auto-suficiência" (COLLOR, 1990, p. 21). Também apresentou seu objetivo de melhorar as relações bilaterais com os Estados Unidos e se aproximar da Europa através da interlocução portuguesa.

Já no dia 17 de março, em uma viagem com uma comitiva composta por membros do MRE, MEFP, Ministério da Infra-estrutura e da Agricultura, assinou três tratados com Carlos Menem: formação de comissão executiva para estudar projetos de integração, construção de uma ponte na fronteira do Rio Grande do Sul e de um gasoduto (MRE, 1990).

O início "alucinante" do Governo Collor, no entanto, resultou em descontentamentos. O PDT entrou com processo no STF para pedir a inconstitucionalidade da MP 173, que impedia recursos na justiça contra o plano

Collor; o pedido foi negado. Rezek também teve de dar explicações na Comissão de Relações Exteriores da Câmara sobre a MP 150, que instituía a reforma do MRE; o ministro teve que afirmar que a medida não implicaria no fechamento de embaixadas e que a compulsória para ministros de primeira e segunda classe após 15 anos no cargo se tratava de um instrumento para aumentar a rotatividade a abrir espaço para a promoção de novos diplomatas (FOLHA DE SÃO PAULO, 06.04.1990, p. A-8).

No mês de abril, iniciou sua articulação política para mudar o programa nuclear brasileiro, ponto de forte atrito com os Estados Unidos. O chefe do executivo conseguiu o apoio do ministro da Marinha, Márcio Flores para revisar a política nuclear brasileira. O presidente da Comissão Nacional de Energia Atômica, José Luiz Santana, também se comprometeu a rever o programa nuclear, afirmando que o Brasil não buscaria desenvolver a bomba atômica (FOLHA DE SÃO PAULO, 10.4.1990, p. A-4; 16.4.1990, p. A-6).

O início ativo do governo também teve resultados positivos. No dia 28 de abril, os Estados Unidos anunciaram o fim das ameaças de retaliação comercial ao Brasil devido à política de Collor de diminuição das barreiras alfandegárias, retirando o país do dispositivo "super 301" que listava os "maus parceiros comerciais" dos EUA. Além disso, conseguiu ganhar apoio no FMI para pressionar os bancos internacionais a facilitarem as negociações com o Brasil. Seu Diretor-Gerente, Michel Camdessus, criticou a postura dos bancos em pedir a não liberação de novos empréstimos e defendeu a necessidade de dar o "primeiro empurrão" ao Governo Collor. No dia 30 de junho, Carla Hills, responsável pela política comercial dos Estados Unidos, anunciou a isenção de 90 produtos brasileiros de taxação, mas esta medida fazia parte de uma estratégia global da política externa estadunidense (FOLHA DE SÃO PAULO, 28.4.1990, p. B-1; 4.5.1990, p. B-3; 6.5.1990, p. B-1; 30.6.1990, p. B-5).

Além destes gestos cooperativos de autoridades, o presidente Collor também conseguiu apoio de instituições privadas e passou a receber convites de algumas reconhecidas internacionalmente, como para proferir palestras no Los Angeles World Affairs Council (Documento n° 6), no Americas Society (Documento n°7) e no Washington Institute of Foreign Affairs (Documento n°8) ou visitar a Universidade de Yale na qualidade de Chubb Fellow (título honorífico da instituição) (Documento n°9).

Os fracos resultados do Plano Collor e a demora da equipe econômica em concluir as negociações da dívida externa iniciaram a minar a legitimidade de Collor frente à comunidade internacional. Em julho de 1990, o governo dos Estados Unidos rebaixou o Brasil na lista dos países devedores; como resposta, a Ministra da Economia sinalizou com a possibilidade de pagamento de parcela simbólica da dívida como uma manobra para pedir o reescalonamento da dívida. A ação não surtiu efeito, e no dia 17, em visita à Inglaterra, Zélia recebeu pedido de Thatcher para fechar logo um acordo com o FMI (FOLHA DE SÃO PAULO, 11.7.1990, p. B-1; 17.7.1990, p. B-1).

O processo de renegociação da dívida se prolongaria muito mais, já que o acordo final só aconteceria em 1994. A seguir, é feito um breve histórico das negociações durante o Governo Collor: visita de uma missão do FMI para analisar as contas públicas e os resultados das reformas, em julho de 1990; reunião entre Ibrahim Eris (presidente do Banco Central), Jório Dauster, Kafka (diretor do FMI para o Brasil) e Marcílio Moreira (embaixador brasileiro em Washington) selou acordo entre Brasil e FMI que tornou o Brasil apto a receber um empréstimo (07/09/1990); reabertura das conversas com o Comitê dos Bancos (10/1990); suspensão parcial da moratória em janeiro de 1991; nova contraproposta brasileira no mês seguinte; adesão ao Plano Brady (21/08/1991); finalização do acordo com o FMI e com o Clube de Paris (formado pelos bancos credores) nos primeiros meses de 1992; suspensão por parte dos credores da segunda parcela de empréstimos pelo descumprimento das metas econômicas no mês de maio (MULLER, 2003).

Focando no modo como as negociações ocorreram, algumas constatações podem ser feitas. Ainda durante o Governo Sarney, dado o crescente problema da dívida externa, houve a criação, no âmbito do Banco Central, da Diretoria para Assuntos da Dívida Externa (DIVEX), e ligado a ela, o Departamento da Dívida Externa (DEDIV) que passou "a exercer o papel de componente técnico central do sistema, objetivando, a partir de ações coordenadas com outros setores do governo, viabilizar os acordos de reestruturação da dívida externa" (CERQUEIRA, 1997, p. 37).

Cerqueira (1997) divide o processo de negociação entre: credores privados e governos nacionais e a denominação das fases entre estes grupos não são necessariamente contemporâneas. Durante a "Fase III" (1985-1986) das negociações com credores privados em Nova York, a delegação brasileira foi chefiada pelo diretor para assuntos da dívida externa do Banco Central (BC), Antônio Pádua Seixas, e composta por representantes da Procuradoria Geral da Fazenda Nacional, do BC e advogados do escritório de advocacia norte-americano Arnold & Porter. Na "Fase IV" (1987-1988), o ministro da Fazenda, Luiz Carlos Bresser Pereira, buscou negociar diretamente com os credores privados sem obter maior sucesso. Em seguida, as negociações foram retomadas por Antonio Seixas.

A regulamentação das decisões sobre a dívida era definida pelo Conselho Monetário Nacional, do BC, e pela diretoria do último. A resolução nº 1.521 (21/09/1988) abria a possibilidade de reverter ingresso de divisas no país a investimentos, demonstrando a postura do governo de não sacrificar o desenvolvimento para pagar a dívida; além disso, condicionava a participação das instituições financeiras internacionais àquelas presentes nos novos acordos, como um meio de pressionar os credores privados a negociar com o Brasil.

Com Collor, houve o lançamento do novo programa de estabilização econômica, iniciado por um choque monetário que reteve grande parte da moeda indexada no Banco Central. A indexação de preços e a grande concentração da dívida no setor público levaram o Brasil a apresentar nova proposta aos credores privados (11/10/1990), por meio do negociador-chefe, o embaixador Jório Dauster – nomeado por meio do Decreto s/n° de 01/08/1990. A proposta não foi aceita. A mudança que pode ser detectada é a indicação de um embaixador como chefe da delegação brasileira, o que pode ser interpretado como uma manobra de Collor para agradar o grupo do Itamaraty que apoiava seu projeto econômico.

Posteriormente, através da Resolução n° 82 de 18/12/1990, o Senado estabeleceu que as negociações da dívida subordinam-se às diretrizes estabelecidas na mesma, além daquelas posteriormente definidas pelo Senado. Assim, os contratos de renegociação da dívida externa brasileira firmados a partir daquela data que envolvessem responsabilidade da União deveriam passar pelo crivo do Senado. Após negociações entre outubro de 1990 e abril de 1991, entre a delegação chefiada pelo embaixador e o *Bank Advisory Committee*, foi selado um acordo com posterior aprovação do Senado por meio da Resolução n° 20 (21/06/1990). Nesta Resolução, o Senado autorizou a União a celebrar operação externa de natureza financeira relativa aos juros da dívida externa, junto aos bancos comerciais, devidas de junho de 1989 a dezembro de 1990.

Na etapa seguinte (1991-1994), a equipe brasileira volta a ser chefiada por um economista, passando Pedro Malan à função de negociador chefe (Decreto s/n° de 28/6/1991), e sendo composta por representantes do Tesouro Nacional, da Secretaria Especial de Política Econômica, Procuradoria-Geral da Fazenda Nacional, do Departamento de Assuntos Internacionais (integrante do MEFP) e do MRE (CERQUEIRA, 1997).

As negociações com o Clube de Paris, instituição informal que reúne um grupo de países credores (maioria da OCDE) para renegociar dividas governamentais de países em dificuldades financeiras, eram condicionadas às negociações anteriores com os credores privados e à adoção de um programa de estabilização aprovado pelo FMI; desse modo, os países ricos se livraram de supervisionar o desempenho econômico dos devedores.

Em 1988, após conclusão da "Fase IV" das negociações com credores privados, iniciaram-se as conversas com o Clube de Paris ("Fase III"). Nas negociações com os governos estrangeiros a delegação brasileira foi chefiada pelo ministro Sérgio Amaral, secretário de Assuntos Internacionais do Ministério da Fazenda, e composta por representantes do MEFP, do BC e do MRE (CERQUEIRA, 1997).

Na "Fase IV" das negociações com o Clube de Paris, a delegação brasileira foi chefiada pelo presidente do BC, Francisco Roberto André Gros. Nela ocorreu a negociação de dívidas a vencer nos anos de 1992 e 1993. Das negociações, resultou o *Agreed Minute* (Ata Aprovada), datado de 26/2/1992: os governos credores se comprometeram a firmar acordos bilaterais com o Brasil para implementar a reestruturação de determinados valores da dívida externa do setor público. Termos do acordo foram ratificados no Senado através da Resolução n° 7 de 30 de abril de 1992 (CERQUEIRA, 1997).

O que podemos constatar das diversas etapas de negociação da dívida externa, repassadas com rapidez acima, é que, dado à importância crescente que o tema passou a ter para a economia brasileira, as decisões passaram a ser tomadas com bases técnicas e seguindo direcionamentos do BC por meio da criação da DIVEX e do DEVID.

A postura de Sarney de não minar o desenvolvimento nacional para o pagamento da dívida foi cumprida, sendo a representação da esfera política nos processos de negociação. Com Collor, uma nova postura foi assumida, já que, para conseguir a renegociação da dívida, o presidente promoveu a abertura unilateral da economia, o que segundo a lógica do governo anterior, significaria prejudicar o desenvolvimento brasileiro.

O período inicial das negociações teve a Ministra da Economia Zélia à frente dos trabalhos. O embaixador Jório Dauster, como chefe da delegação representou a presença do MRE nas reuniões de negociação. No entanto, a dificuldade em obter acordos com os credores privados resultou na frustração de Collor. Em seu discurso durante visita oficial a Washington em junho de 1991, o presidente afirmou que os esforços nacionais estavam sendo feitos, mas que a ajuda internacional seria necessária para superar problemas da dívida, das barreiras de comércio e de acesso à tecnologia (MRE, 1991). De retorno ao Brasil, fez declarações públicas reclamando da falta de apoio internacional a sua política enquanto Rezek protestou contra a falta de contrapartida e lentidão nas negociações (MELLO, 2000).

No entanto, o insucesso pode ser creditado às tentativas frustradas da equipe econômica em buscar negociações em separado com cada um dos bancos credores, em tentar negociar novos empréstimos sem antes reiniciar o pagamento da dívida, manobras logo recusadas pela falta de poder de barganha brasileiro, sem condições de negociar dado à recente moratória da dívida externa (FOLHA DE SÃO PAULO, 4.5.1990, p. B-3; 23.5.1990, p. B-1). A desordem na política econômica, marcada por reedições seguidas de MPS referentes ao Cruzeiro e seu fraco desempenho, assim como a falta de legitimidade das promessas das autoridades brasileiras, minaram o processo de negociação da dívida, liderado por Collor e Zélia Cardoso.

Esses acontecimentos marcaram uma mudança no poder decisório, com maior participação do Senado, que passou a ser determinante na aprovação das negociações. Também houve mudança nos chefes das delegações, com aumento da participação de autoridades "técnicas" do BC e do MEFP, o que também pode ter resultado da mudança de liderança na pasta, com a substituição de Zélia por Marcílio Marques Moreira em maio de 1991 – o embaixador em Washington era outro nome importante da equipe de Collor. O MRE esteve presente nas negociações durante todo o processo e teve a chefia dos trabalhos de 1990 até meados de 1991, mas os indícios nos levam a crer que as decisões eram em grande parte condicionadas a fatores técnicos. Enquanto isso, Collor teve o papel de se reunir com autoridades de governos nacionais para conseguir apoio político nas negociações com os bancos privados, sem obter maiores resultados. Os diferenciais no Governo Collor foram as reformas estruturais realizadas internamente, que conseguiram obter a simpatia dos governos nacionais e das instituições financeiras internacionais, principalmente do FMI. Estas medidas também representaram uma mudança na postura do governo, pois as reformas econômicas significaram no curto prazo, o comprometimento do desenvolvimento econômico à obtenção de acordos para renegociação da dívida. Além disso, determinaram o modo como as delegações poderiam atuar nas negociações, já que as reformas domésticas representariam um novo patamar base para o início das conversas.

Passamos, agora, a outra área temática: segurança. Neste tema, as ações de Collor também buscaram se adequar ao seu projeto de aumentar a credibilidade frente aos maiores centros de poder mundial para que liberassem o acesso à tecnologia de ponta ao Brasil. A substituição do Conselho de Segurança Nacional (CSN) pelo Conselho de Defesa Nacional (CDN) pela Constituição de 1988 representou o distanciamento dos militares desta área. Antes, formado por diversos membros militares, passou a ser composto predominantemente por membros civis: presidente, vice-presidente, presidente da Câmara, presidente do Senado, chanceler, ministro da Defesa, ministro do Planejamento e os comandantes das três Casas Militares. Outra novidade era nas funções: além de não ser mais uma instância de tomada de decisões, mas para consultas do presidente, também tinha como tarefa aconselhar o chefe do Executivo em temas relacionados à soberania nacional e à defesa do Estado democrático (Artigos 89, 90 e 91 da Constituição Federal de 1988).

A política de renúncia às armas nucleares não tinha, inicialmente, aprovação dos militares e de alguns setores do MRE. O fechamento em setembro de 1990 do, até então secreto, campo de testes nucleares na Serra do Cachimbo e a declaração no discurso de abertura XLV Sessão da Assembleia Geral das Nações Unidas (24/09/1990) em que descartou a possibilidade do Brasil realizar qualquer experiência com explosões nucleares não tiveram boa ressonância no meio militar, levando a tensões entre as partes e a declarações descontentes de seus membros (MRE, 1990). Por parte do MRE, a atuação buscou minimizar as iniciativas de Collor, como na negociação da fórmula de "adesão indireta" ao Tratado de Não-Proliferação (TNP), que assegurava que a submissão às salvaguardas internacionais fosse feita conjuntamente com a Argentina (BATISTA, 1993).

Um dos objetivos do presidente com uma nova postura na questão nuclear era conseguir acesso à tecnologia avançada. Visto o alto fluxo de comércio de armas com o Iraque e a, ainda existente, possibilidade do Brasil desenvolver armas nucleares, os Estados Unidos vinham negando a venda de supercomputadores para o Brasil desde 1988 temendo que o Brasil desenvolvesse material bélico nuclear (PANG e JARNAGIN, 1991). Uma nova postura em relação ao tema e reuniões sucessivas com autoridades dos EUA foram os meios utilizados pelo Governo Collor para alcançar uma mudança de postura da superpotência, como pudemos constatar analisando documentos referentes a reuniões da Missão de Alto Nível de oficiais brasileiros, entre eles Marcos Azambuja, e estadunidenses, como o secretário para Assuntos de Segurança Internacional, Reginald Bartholomew (Documento nº10). Além da indecisão brasileira com relação à tomada de posição na Guerra do Golfo, devido aos interesses comerciais com o Iraque, ter resultado em um impacto negativo nas relações bilaterais com os Estados Unidos, a postura do presidente Bush em manter sob seu poder, decisões relacionadas à proliferação de tecnologia de armas, apontaram para a continuidade da desconfiança em relação à promessa brasileira de abdicar da fabricação de armas nucleares (Documento nº 11).

Esta desconfiança era em parte infundada e talvez um meio retórico para barrar o acesso brasileiro às tecnologias desejadas. O presidente iniciou o processo de institucionalização da recusa às armas nucleares já no primeiro ano de seu mandato e teve importante papel nas negociações bilaterais com a Argentina. Em encontro em Foz do Iguaçu em Novembro de 1990, assinou a "Declaração sobre Política Nuclear Comum Brasil-Argentina", criando a Agência Brasileiro-Argentina de Contabilidade e Controle de Materiais Nucleares (ABACC) e abrindo negociações conjuntas com a Agência Internacional de Energia Atômica (AIEA) (MRE, 1991). Apesar da iniciativa de aproximação regional ter sido iniciada no Governo Sarney, a inclusão da questão nuclear na pauta ocorreu apenas na gestão de Collor.

A proposta de revisão do Tratado de Tlatelolco, iniciativa conjunta de Brasil, Chile e Argentina, também foi um passo importante nessa área. As resoluções n° 267 (03/07/1990), n° 268 (10/05/1991), n° 290 (26/08/1992) trataram de revisar algumas regras do acordo de modo a facilitar assinatura das partes e de outros Estados ainda não signatários, através da construção de confiança e mecanismos de supervisão mútuos, e garantir a ratificação do tratado nas esferas domésticas. Os três países também assinaram a "Declaração Conjunta sobre a Proibição Completa das Armas Químicas e Biológicas" em Mendonza, Argentina (05/09/1991). Estas iniciativas representaram a busca conjunta de aumentar a confiança mútua na região e traduziram os objetivos da política externa de Collor de substituir o binômio "segurança e desenvolvimento" pelo "desenvolvimento pela paz", como declarado pelo presidente na Conferência no Washington Exchange durante sua visita oficial aos Estados Unidos (MRE, 1991).

Na área de meio ambiente, o presidente buscou construir uma imagem positiva do Brasil, declarando haver uma mudança nas crenças políticas nacionais, de que o desenvolvimento não estaria mais atrelado à poluição, como alegado em seu discurso na 145a Assembleia Geral das Nações Unidas.

No dia 6 de junho de 1990, instalou a Comissão Interministerial do Meio Ambiente destinada a ajudar o presidente nas decisões relativas ao tratamento internacional das questões ambientais e estabelecer as diretrizes para negociações no tema, assim como para preparar o Brasil a sediar a

Conferência das Nações Unidas sobre Meio Ambiente e Desenvolvimento, em 1992 (MRE, 1990). A medida também pode ter sido um meio de "mostrar serviço", dias antes da visita do secretário-geral da supracitada Conferência da ONU, no dia 12 do mesmo mês.

A preparação da reunião também contou com idas e vindas de Collor. Inicialmente, a preparação foi liderada por Francisco Rezek, que participou do Comitê Preparatório da Conferência em Genebra (02/03/1991) e da Reunião Regional da América Latina, também para preparação da região à futura conferência (05/03/1990) (MRE, 1991). Em agosto de 1991, indicou a ex-ministra da economia, Zélia Cardoso para participar da preparação da reunião, em uma tentativa de interferir diretamente na atuação do Itamaraty (REZEK, online). Por fim, com sua perda de legitimidade frente aos escândalos de corrupção de seu governo, Celso Lafer se tornou o presidente de fato da Conferência, representando a volta de um maior poder do Itamaraty nas decisões (MRE, 1993); a ascensão do ministro também foi considerada como o retorno do Itamaraty à definição da matriz conceitual da PEB e um momento de reajuste das diretrizes internacionais (ARBILLA, 2000; MELLO, 2000; VIEIRA, 2000).

Seguindo a mesma lógica de atuação e o mesmo objetivode melhorar a imagem internacional do Brasil, Collor atuou na temática dos direitos humanos: participação na Cúpula Mundial da Criança em 1990, para depois sancionar o Estatuto da Criança e do Adolescente (07/1990); o presidente também assinou ato garantindo aos Yanomamis seu direito a uma área contínua de 35 mil milhas quadradas (MRE, 1992). As ações das autoridades brasileiras referentes à temática indígena vinham sendo fortemente criticadas pela mídia estrangeira. A ratificação da Convenção Americana sobre Direitos Humanos, o "Pacto de San José", em 7 de setembro de 1992, teve, no entanto, pouco envolvimento do presidente, que já passava por uma crise política, mas representou os resultados de uma política iniciada por ele.

Dois temas são de relevância especial em nossa análise dado o foco sobre a MPE: integração regional e política comercial. Isto porque as mudanças nessas áreas foram iniciadas durante a gestão de Sarney, sendo que a primeira resultou em parte da atuação do presidente e a segunda derivou de imperativos externos e da necessidade de ceder em alguns pontos para participar das negociações comerciais multilaterais. Esta discussão também servirá para entender o papel dos ministérios e do Planalto na definição de áreas-chave da política externa. Além disso, o fato destas políticas terem sido iniciadas anteriormente pode enfraquecer nossa argumentação em favor da importância da ascensão de Collor no redirecionamento externo. O que será argumentado é que, apesar do processo ter sido iniciado anteriormente, a ascensão de Collor e seu projeto de reformas estruturais tiveram importante impacto em consolidar e intensificar as mudanças. Além disso, o modo de operacionalização destas agendas na atuação internacional também apresentou mudanças.

Primeiro, o tema da integração, já iniciado anteriormente. A integração regional apareceu como uma alternativa para melhorar a competitividade internacional e abrir mercado para as exportações brasileiras, condições necessárias para superar os problemas da dívida externa. O processo de aproximação à Argentina, facilitado por conjunturas econômicas adversas e processos de redemocratização concomitante, consolidou-se com a assinatura da Ata de Integração Brasileiro-Argentina, conjuntamente com os 12 protocolos firmados em julho de 1986, definiram as linhas da integração:

> a) enquadramento com o pensamento nacional-desenvolvimentista que havia animado as políticas exteriores dos dois países nas últimas décadas e que desde aquele momento acoplavam-se para robustecer-se; b) evolução gradual e flexível, com atos e mecanismos a serem extraídos de forma seletiva de um conjunto de decisões

estratégicas que comporiam o permanente processo negociador; c) expansão em leque pela América Latina, desde o eixo original Brasil-Argentina. (CERVO, 1997, p. 14)

O processo iniciado por Sarney, que era de cunho mais político e baseado no modelo desenvolvimentista, passou a ser instrumentalizado pelo presidente Collor para se tornar uma plataforma para a inserção internacional brasileira e aumentar a competitividade das empresas nacionais. Também ganhou importância para Collor pela possibilidade futura de dar maior poder de barganha ao Brasil em negociações acerca de uma eventual futura área de livre comércio, como proposta por Bush na Iniciativa para as Américas; desse modo o Brasil poderia negociar em conjunto com seus vizinhos, no formato 4+1 (os quatro membros do MERCOSUL negociando em conjunto frente aos Estados Unidos, aumentando seus poderes de barganhas).

Esta estratégia também foi facilitada pela eleição de Menem na Argentina, com uma plataforma política semelhante à de Collor, de implantação de reformas neoliberais. Em julho de 1990, já firmaram a Ata de Buenos Aires, comprometendo-se a formar um mercado comum até o final de 1994, adiantando em cinco anos o prazo original. Segundo Casarões (2011b), o MERCOSUL passou a ser uma estratégia multilateral para promover a liberalização dos mercados da região e fortalecer a capacidade econômica dos membros. Apesar de inicialmente ter se construído devido às condições desfavoráveis no comércio mundial, depois se tornou um meio de potencializar as posições internacionais para a liberalização nos moldes do GATT, negociar as dívidas externas e criar solidariedade entre os devedores através de críticas ao receituário recessivo do FMI. O processo de integração foi continuado por Collor com a assinatura do Tratado de Assunção, para a constituição do MERCOSUL (26/03/1991).

Neste tema, o presidente tinha apoio do Itamaraty, que também defendia a necessidade da rapidez no processo de integração. Mesmo assim, o Itamaraty enfrentou dificuldades impostas pelo presidente para manter sua competência na área, quando Fernando Collor criou o Ministério Extraordinário para Assuntos de Integração Latino-Americana para realocar um aliado político, o ex-ministro da Educação, Carlos Chiarelli. Em resposta, o MRE criou o Departamento de Integração Latino-Americana dentro da estrutura do próprio ministério (AMORIM, 1997).

Assim, o processo de integração, apesar de ter sido iniciado por Sarney, foi instrumentalizado de maneira diferente durante a administração de Collor para se adequar ao novo modelo de desenvolvimento, passando de um processo de coordenação política para um projeto de liberalização comercial, de modo a ajudar nos processos nacionais de integração à economia internacional. Ao menos nessa área temática havia relativo consenso entre os ministérios, elites e Planalto quanto à necessidade de avanço; o diferencial no Governo Collor foi a adaptação na estratégia de integração, processo facilitado pela concomitância de reformas neoliberais em diversos países vizinhos.

Segundo, o tema das mudanças na política comercial. Para Velasco e Cruz (2001 *apud* GUIMARÃES, 2005), o processo de mudança teria sido iniciado pela Comissão de Política Aduaneira em 1985, sob a liderança de José Tavares de Araújo. Outros passos importantes na abertura comercial foram dados na gestão de Sarney, entre elas, a diminuição de 2400 para 1200 na lista dos itens de importação vetados e o início das reduções tarifárias em 1987 (RICUPERO e DIDONET, 1995 *apud* GUIMARÃES, 2005). A substituição de Paulo Nogueira Batista (1983-1987) por Rubens Ricupero (1987-1989) como embaixador brasileiro no GATT pode ter sido o motivo desta mudança de posição brasileira. Outros fatores também podem ter influenciado na mudança: decrescente poder de barganha brasileiro devido aos problemas econômicos, revisão da política protecionista pelos altos custos políticos nas relações bilaterais com os EUA, instituição do *Mid-term Review* de 1988 e uma nova visão em parte do MRE, de que a postura contrária à inclusão dos novos temas na Rodada Uruguai poderia alijar o Brasil das negociações, que teria que aceitar as regras prontas em um momento posterior (GUIMARÃES, 2005). Complementarmente, as decisões sobre política comercial e sobre a dívida externa estavam, desde o Governo Sarney, mais próximas do MEFP e do Planalto do que do MRE.

De acordo com Ricupero e Didonet (1995 *apud* GUIMARÃES, 2004) ocorreu um processo deevolução que culminou em uma nova estratégia, com início em 1988. A partir dali, o Brasil deveria negociar temas tradicionais, mas sem ceder em pontos sensíveis, levando ao fim do bloqueio aos novos temas. A diplomacia deveria buscar os melhores termos para harmonizar as pressões externas e as necessidades internas de abertura. Eles consideram que o modelo protecionista teria levado a um impasse, por ter se tornado permanente e absoluto, ao invés de ser temporário e moderado.

Ademais, o processo de redemocratização resultou em disputas burocráticas em torno da política comercial. A abertura comercial ainda enfrentava certa oposição dentro do Itamaraty e do Ministério de Ciência e Tecnologia. No MRE, haveria uma divisão interna desde o Governo Sarney, entre aqueles que defendiam a liberalização e aqueles que defendiam a continuidade do modelo protecionista: de um lado um grupo que tinha como líderes o então secretário-geral, Paulo de Tarso Flecha de Lima e o assessor internacional da presidência da República, o diplomata Rubens Ricupero; e, no outro lado, os diplomatas defensores do modelo estatal e econômico vigente, cuja liderança era representada pelo embaixador do Brasil no GATT, Paulo Nogueira Batista, ao lado do embaixador Clodoaldo Hugueney, chefe da Divisão de Política Comercial do MRE (VELASCO e CRUZ, 2001 *apud* GUIMARÃES, 2005).

A ascensão de Collor teria representado uma "vitória" do grupo pró-liberalização; além disso, a entrada de Rezek significou o apoio a esta política e a justificativa da legitimação desta política pela vitória eleitoral de Collor dentro do MRE.

Mello (2000)considera que ocorreu uma mudança no posicionamento brasileiro em relação à inclusão de novos temas na Rodada Uruguai, em 1988, mas mesmo assim, o país manteve postura defensiva em relação às regras mais especificas sobre os novos temas e questões tradicionais (têxteis, agricultura, salvaguardas etc.). O motivo seria a crença da necessidade de cumprir os objetivos nacionais de desenvolvimento (mesma justificativa utilizada por Sarney no processo de negociação da dívida externa), mas com uma atenuação nas posições. Assim, abandonou-se a oposição frontal ao mesmo tempo em que se tentou reduzir os compromissos a serem assumidos. A mudança definitiva na postura brasileira em relação à política comercial teria ocorrido com Collor, que por meio de seus poderes legislativos encerrou a lista de produtos vetados à importação em conjunto com outras medidas de liberalização.

Enquanto isso, o Itamaraty buscou abrandar o processo de abertura promovido por Collor. O MRE teria tido um papel inverso àquele desempenhado durante o Governo Sarney. Neste período, buscou atuar para atenuar a posição de não negociar a entrada de novos temas na Rodada Uruguai. Já no Governo Collor, buscou aliviar a posição radical de abertura impulsionada pelo presidente, para aproximá-la de uma mudança adaptativa, típica das instituições burocráticas. A vitória de Collor teve um impacto significativo no grupo mais identificado com o modelo de Estado desenvolvimentista, que, percebendo a inevitabilidade das mudanças a serem implementadas, passou a atuar com o papel de atenuador das posturas de Collor.

Duas interpretações podem ser feitas acerca do papel do MRE na mudança da política comercial no Governo Collor: 1) o Itamaraty estaria se afastado do processo de mudança, como na interpretação de Arbilla (2000), tendo o Ministério coesão interna, e sendo, portanto, contra as reformas de Collor; 2) divisão interna pré-existente teria levado Collor a se aproximar do bloco favorável a seu projeto que possibilitou o apoio da Casa, além de sua participação no processo. Dentro destes dois quadros, o Itamaraty pode ter tido o papel de atenuador, que é o que nos parece mais claro a partir das evidências encontradas. Isso seria explicado pela sua competência em negociações internacionais; assim, buscou agir para obter vantagens comparativas nos acordos, o que seria possível cedendo o mínimo possível às exigências, ao mesmo tempo em que conseguia que as outras partes cedessem em temas sensíveis à economia brasileira.

Apesar de diplomatas como Rubens Ricupero e Paulo Nogueira Batista afirmarem não existir divisões internas no MRE, este tipo de postura reflete as características dos membros da Casa, que busca se isolar das disputas políticas domésticas e basear suas ações em uma política de Estado e não de governo.

A atuação do presidente, utilizando seus poderes presidenciais para imprimir novos rumos na PEB, causou desordem no ambiente de formulação e implementação da política externa, resultando em conflito de competências e dificuldade de responsabilização pelas ações realizadas. Muitas das críticas à política externa de seu governo recaem sobre a falta de uma articulação entre as áreas temáticas e de apoio doméstico a muitos dos anúncios feitos em eventos internacionais. Hirst e Pinheiro (1995) apontam que faltou ao governo um projeto global, havendo apenas estratégias específicas para questões consideradas prioritárias pelo presidente, principalmente naquelas relacionadas à busca de aproximação ao primeiro mundo. Cruz *et al.* (1993) consideram que, no período, existiu uma variedade de políticas externas, com inconsistências e falta de linearidade dos discursos oficiais: nas visitas presidenciais ao Japão, Estados Unidos e Europa, Collor declarou o abandono da posição de confrontação ao primeiro mundo, enquanto que na Reunião de Cúpula de Guadalajara e durante sua visita à África do Sul, atacou diretamente os países industrializados pela intransigência nas negociações da dívida externa e na transferência de tecnologia ao terceiro mundo. Outro exemplo dado foi a postura brasileira na Guerra do Golfo (1991) que titubeou em definir uma posição por ter acordos comerciais com o Iraque, demonstrando a inviabilidade do projeto do governo em transformar o Brasil em um ator na nova ordem mundial.

O presidente foi criticado, também, pela inocente crença de poder ascender o Brasil ao primeiro mundo, mesmo estando o país em péssimas condições econômicas e passando por uma fase de transição política, "considerando que as vontades individuais são realizáveis pelo simples fato de desejá-las [...] via um sistema internacional [...] em que o desejo unilateral de rompê-lo pode ser feito a partir da periferia, sem qualquer resistência do poder central" (MIYAMOTO, 1991, p. 10).

Além do problema da coordenação entre agentes responsáveis pela política externa, a complexidade crescente das relações internacionais e a variedade de temas na agenda dificultam a definição da UDU em determinadas áreas da PEB. Outro aspecto a ressaltar é a inadequação dos modelos desenvolvidos no exterior para analisar as instâncias decisórias. No Governo Collor, apesar das disputas entre ministérios, como no modelo de "política burocrática" de Alisson (1972), o poder do presidente altera determinantemente a importância desta disputa na definição da política externa.

Assim, ao analisar a UDU nas bases teóricas de Hermann e Hermann (1989) consideramos que: 1) mesmo que a unidade final das decisões tenha variado de acordo com a área, as diretrizes da política externa estiveram atreladas ao projeto de Collor de inserção na economia internacional, que utilizou seu poder político-eleitoral para legitimar as diversas medidas tomadas nos primeiros dias de seu governo; 2) o presidente precisou de apoio eleitoral e das elites para o novo projeto, mas a decisão de mudar a política externa se baseou em sua figura, sendo seu papel determinante; 3) o cenário de crise econômica e de início do regime democrático permitiu a ele garantir legitimidade ao seu projeto de reformas, dando, o apoio eleitoral, um aval para a MPE.

O quadro teórico levantado por Charles Hermann (1981) e Hermann *et al.* (2001) também nos levam a crer que a postura do presidente foi determinante no processo de MPE: 1) o redirecionamento da política externa era considerado um meio de complementar os objetivos nacionais de seu governo; 2) o problema era visto pelo líder como essencial para a manutenção de seu apoio político e popular, ou seja, a manutenção de seu regime; 3) os principais temas tratados envolviam diplomacia de alto nível, através de conversas diretas com outros chefes de Estado, seja pelo presidente, como pelo seu chanceler ou altos oficiais do MEFP; 4) desde o início de seu mandato a agenda da política externa era de interesse direto do presidente.

Assim como na análise do governo anterior, é difícil definir se podemos caracterizar a UDU como de "líder predominante", já que diversas decisões não foram tomadas diretamente pelo presidente e outras dependiam de fatores técnicos, provavelmente além dos conhecimentos do líder. Além disso, o cenário de acomodação de diversos interesses, resultante do processo de abertura, significou a disputa entre agências burocráticas sobre o novo modelo da política externa.

Consideramos que o presidente teve um papel central na definição da política externa de seu governo, mas não podemos afirmar que as decisões tomadas pelo presidente não poderiam ser revertidas, ou não foram implementadas pelas agências burocráticas em termos mais próximos de suas próprias percepções. O modelo constitucional brasileiro, no qual o presidente tem poderes legislativos e de agenda, é que incentiva a ascensão da figura de um "líder predominante" nos casos de MPE. Já que o MRE mantém tradicionalmente padrões de atuação e as mudanças são executadas dentro de normas existentes se aproximando mais de adaptações a novos incentivos das fontes, uma força exógena aparece como responsável por um redirecionamento na política externa.

Mudança de Política Exterior

Superadas as etapas passadas, podemos passar a uma análise mais embasada do fenômeno em voga no livro, a MPE. O primeiro passo é nosso teste de hipótese que considera quatro pontos para identificar o grau de mudança ocorrido nos rumos da política externa.

(1) *Mudança multidimensional.* O principal fator que aponta para a possibilidade da mudança não ter ocorrido concomitantemente em diversas áreas temáticas é o relativo consenso na literatura de que não havia um projeto amplo e pré-elaborado para redefinição da política externa como um todo. Por outro lado, a forte vinculação entre o projeto nacional e a política externa, um ponto marcante nos momentos de MPE, demonstra que, mesmo sem Collor ter conseguido instrumentalizar de maneira adequada as reformas implementadas para o desenvolvimento de uma nova matriz conceitual da política externa, seu projeto englobou uma mudança em diversas áreas temáticas. Por isso, é importante analisar em separado cada uma destas áreas para identificar o quanto e em quantas delas ocorreram mudanças.

Na questão da dívida externa, também devido ao aumento das restrições internacionais às possibilidades de negociação brasileira, ocorreu uma mudança na postura com a ascensão de Collor. Apesar das decisões dependerem de fatores técnicos, o presidente teve importante papel ao promover a abertura econômica unilateral, fator que teve um impacto positivo na agenda de negociações. Também foi importante a mudança de postura em relação aos condicionantes da negociação, já que para Sarney, o pagamento da dívida era uma questão que não poderia sobrepor-se ao desenvolvimento nacional, enquanto para Collor seria primordial sanar o problema da dívida externa mesmo que o processo de abertura tivesse influências negativas sobre a indústria brasileira e nas condições econômicas da população em geral. A recusa à possibilidade de continuidade da moratória também significou uma importante diferença em relação ao governo anterior.

A ascensão de Collor também foi marcante por ter resultado em uma mudança nas prioridades da agenda internacional brasileira. A inclusão de temas como o meio ambiente, abdicação aos armamentos nucleares e direitos humanos significou a reconstrução e o reordenamento das prioridades externas. As alterações nestas áreas também foram uma estratégia do presidente para se aproximar dos países desenvolvidos que pressionaram o governo anterior a mudar a postura em relação a estes temas. As ações realizadas pelo presidente nestas áreas já foram discutidas na seção anterior.

Collor também promoveu uma mudança na área de segurança. O governo anterior, dado a proximidade temporal com o período da ditadura e o lento processo de democratização, se manteve distante de questões relacionadas à segurança e a armamentos nucleares. Com o objetivo a conseguir acesso à tecnologia de ponta, Collor promoveu uma redução nos programas de tecnologia militar, aderiu a regimes de não-proliferação nuclear além de ter fechado a instalação para testes nucleares na Serra do Cachimbo. Outra ação importante nesta área foi o "Compromisso de Mendonza" em que Argentina, Brasil e Chile passaram a rejeitar o uso de armas químicas e biológicas.

Voltando à área comercial e econômica, as MP expedidas por Collor nos primeiros dias de seu governo representaram um impulso ao processo de abertura comercial. Apesar de o processo ter sido iniciado por Sarney, houve uma mudança na postura brasileira ao promover a abertura unilateral.

Outra área em que a mudança já fora iniciada por Sarney é a integração regional. Apesar disso, o mandato de Collor resultou em mudanças no meio de atuação neste tema. O presidente procurou instrumentalizar o processo de aproximação regional para se tornar um "trampolim" à inserção internacional brasileira. O projeto, antes baseado no modelo de Estado desenvolvimentista, passou a ser direcionado à diminuição das barreiras comerciais entre os vizinhos. Por isso, consideramos que, apesar da falta de ordenação entre as áreas temáticas, as mudanças ocorreram de maneira significativa em várias delas.

(2) *Mudança foi além dos discursos?* Apesar de parte de nossa análise ter se baseado nos discursos do presidente e nas intenções do mesmo em promover uma mudança, pudemos constatar que o novo governo significou uma mudança substancial no modo de inserção internacional. Além das diversas investidas de Collor em se aproximar dos países desenvolvidos, o presidente passou a atuar dentro dos novos moldes da agenda internacional através da inclusão de novos temas na PEB e a partir de uma leitura diversa do SI; com isso, abandonou o discurso terceiro-mundista amparado em suas medidas de liberalização da economia e mudou o modo de relação com as instituições financeiras internacionais.

A política de aproximação aos Estados Unidos também foi além dos discursos. A adoção das reformas propostas pelo Consenso de Washington, como a abertura comercial, privatização e reformas estruturais representaram um importante passo na melhora das relações bilaterais. Alguns passos também foram dados em relação aos temas de meio ambiente, direitos humanos e energia nuclear – estas questões já foram discutidas neste capítulo.

(3) *Mudança deve ser na direção e na participação.* Em relação ao direcionamento, o câmbio mais importante foi o fim da leitura do SI a partir da lógica do conflito Norte-Sul. Apesar das críticas de Collor às políticas de não transferência de tecnologia dos países desenvolvidos, a tática utilizada pelo presidente se baseava na ideia de inserção do Brasil neste grupo de países por meio da promoção das reformas estruturais. O país passou a adotar uma postura mais cooperativa em relação aos novos temas da agenda internacional representando um redirecionamento nas prioridades da PEB e na composição dos temas da agenda.

Em relação à participação, o objetivo de Collor era de aumentar o papel do Brasil na definição da nova ordem internacional. Apesar de não ter conseguido alcançar tal objetivo, o presidente atuou para, através de uma postura "benevolente", influir nas negociações que definiriam os temas e normas da nova moldura normativa do SI. No entanto, as condições domésticas minaram o poder brasileiro para atuar com importância significativa nestas negociações, já que um país em enormes dificuldades econômicas não poderia ser aquele a definir o modelo de desenvolvimento econômico a ser promovido pelas instituições internacionais; em processo recente de democratização não poderia sugerir novas formas de gerência política dos problemas internacionais; sem poder militar ou vontade política para atuar na Guerra do Golfo não poderia participar da agenda de segurança internacional. A única área temática em que Collor pode ter alcançado certa influência na agenda foi o meio ambiente, com a realização da maior conferência multilateral desde a Guerra Fria, a ECO-92, mesmo assim, isto só foi possível, em grande parte pela importância da Amazônia dentro deste tema da agenda internacional. Seu objetivo de participação ativa na elaboração das regras era demasiadamente arrojado para um país que corria o risco de ser excluído da agenda multilateral de comércio, caso não promovesse mudanças na política econômica.

(4) *Dimensão temporal*. O processo de mudança do modelo de desenvolvimento brasileiro, com influência direta sobre a MPE, começou no Governo Sarney. No entanto, a "rapidez" foi uma das marcas das mudanças implementadas pelo presidente: além de promover uma reforma através das MP editadas na fase inicial de seu governo, Collor também agiu rapidamente para instituir as novas linhas da PEB dentro do Itamaraty. Junto com Rezek, justificou a necessidade de promover mudanças e legitimou estas ações no apoio político-eleitoral resultante de sua escolha pela população brasileira. O pedido de Collor aos interlocutores internacionais para aguardar 100 dias para suas reformas surtirem efeitos na economia brasileira também marcou sua política para buscar a melhora da imagem internacional do país.

Passamos, agora, a analisar o grau de distanciamento em relação ao *hegemon*, outra variável utilizada para analisar processos de MPE. Um dos principais objetivos da política externa de Collor era remover os atritos nas relações bilaterais com os EUA. A superpotência era a principal credora da dívida externa brasileira e, por meio de pressões na área comercial, agia para pressionar o Brasil a ceder em alguns temas sensíveis. Assim, a adesão às reformas incentivadas pelo *hegemon* já representou um importante passo na remoção de atritos.

A estratégia de Collor seria, por meio da "coincidência de aspirações", buscar em Washington um aliado para a nova inserção internacional brasileira, especialmente voltada para se aproximar dos centros dinâmicos da economia internacional (AZAMBUJA, 1991).

Mesmo assim, diferente de diversas leituras acerca da política externa de Collor, não consideramos que representou um alinhamento aos Estados Unidos. Batista (1993) considera que o Governo Collor fez uma leitura do SI baseada na crença de que o poder mundial estaria congelado, tendo os Estados Unidos como único líder. Cervo (2002) considera que o período representou uma volta à política de aliado especial, como no período Castello Branco. De maneira semelhante, Vieira (2000) aponta que Collor abandonou a política "globalista" em prol de uma inserção mais circunstancial e alinhada aos Estados Unidos.

Apesar das sucessivas investidas de Collor para se aproximar da superpotência, a política de superação de atritos tinha como objetivos primordiais melhorar as condições de sucesso do plano de reformas e estabilização macroeconômica. Ademais, uma postura de alinhamento representaria a vinculação dos interesses nacionais à política externa dos EUA, o que teria significado, por exemplo, o apoio brasileiro ao país na Guerra do Golfo.

Nas votações da AGNU, Amorim Neto (2011) apontou uma queda na convergência entre Brasil e Estados Unidos, chegando a um índice médio de 0,14 durante a gestão "collorida". Também por isso, diferentemente de diversas leituras acerca da política externa de Collor (BATISTA, 1993; CERVO e BUENO, 2002; MELLO, 2000), não consideramos que sua política externa representou um alinhamento (ou busca de posição de aliado especial) aos Estados. Isto não significa afirmar que não houve uma mudança significativa na "distância" em relação aos Estados Unidos; o argumento defendido é que o Governo Collor representou um período de aproximação nas relações bilaterais após um período de atritos na década de 1980.

Em relação à base normativa, considerando a discussão já realizada, o presidente Collor utilizou, principalmente, os conceitos de "modernização", "mudança" e "inserção internacional". Além disso, identificou sua política com os objetivos de "levar o Brasil ao primeiro mundo" através da "reformulação total da política brasileira" (COLLOR, 1990). No entanto, não podemos dizer que houve abandono das bases conceituais da PEB, já que estes conceitos foram institucionalizados pela Constituição de 1988, tornando-se as diretrizes das relações internacionais do Brasil.

Por outro lado, Arbilla (2000) considera que as bases conceituais da política externa após o fim da Guerra Fria só foram estabelecidas com a entrada de Celso Lafer no cargo de chanceler, momento em que o MRE voltou a definir as bases conceituais da PEB através dos conceitos-chave "visão de futuro" e "adaptação criativa". O próprio Lafer (1993) considera que foi responsável pelo desenvolvimento de um novo paradigma da diplomacia brasileira, levando-nos a inferir, que algo próximo disto ainda não havia sido criado. O chanceler defendeu a necessidade de unir a tradição e autoridade do MRE aos imperativos dos processos de democratização e globalização, e de outros novos elementos constituintes do "interesse nacional". O posicionamento do ex-ministro sublinha o processo de adaptação e inserção de novos temas pelo qual a PEB passava.

Outra esfera a ser analisada remete aos efeitos da MPE sobre a estrutura burocrática.

Papel do ministro. Apesar da dificuldade em saber se ocorreu de fato alguma mudança nas tarefas executadas pelo chanceler, algumas considerações podem ser feitas. O novo ministro representou uma mudança importante em relação ao seu anterior, Abreu Sodré, que teria sido indicado para acomodar interesses políticos e formar a coalizão governista, tendo pouca influência na casa. O resultado teria sido a "tomada" das atividades de chanceler pelo secretário-geral Paulo Tarso (CASARÕES, 2011). Em relação à escolha de Rezek, a indicação de um nome de fora da corporação e que passou a defender o projeto de política externa de Collor, pode ter representado a instrumentalização do ministro por parte do presidente para angariar apoio político dentro da casa para seu projeto pré-estabelecido, fora do MRE. Ademais, a separação da Secretaria-Geral em três partes representou um ganho de poder político significativo ao chanceler, frente ao decréscimo de importância da Secretaria-Geral, dividida entre três pastas a partir dali. Nos discursos realizados pelo chanceler ao público do MRE, é possível notar que este passou a executar a tarefa de inserir as ideias relacionadas a política externa de Collor aos funcionários. Assim o chanceler desenvolveu uma atividade dupla: exerceu de ser um interlocutor do presidente dentro da Casa, ao mesmo tempo em que coordenou as reformas administrativas.

Divisão de tarefas entre departamentos e regras do ministério e portfólio das tarefas executadas pelo ministério serão analisados conjuntamente, dada a reciprocidade entre os dois tipos de mudança neste caso. A reforma administrativa da administração federal através da MP 150 também teve efeito importante nestas duas esferas. O desmembramento da Secretaria-Geral resultou em uma nova divisão de tarefas. A mudança nas regras de aposentadoria também pode ter representado a substituição de oficiais em diversos cargos, resultando em uma nova composição de seus quadros.

Complementarmente, a expedição do Decreto nº 99.578 que levou à criação do Departamento de Meio Ambiente representou a inclusão de uma nova instância específica para atuar nessa área, de grande importância para a política externa de Collor. O mesmo vale para a criação do Departamento de Integração Latino-Americana dentro da estrutura burocrática do MRE que também apontou para uma nova pasta direcionada a uma área específica. Estas mudanças significaram uma nova divisão de tarefas dentro do Itamaraty, assim como um aumento nas tarefas executadas pelo ministério, representante também da inserção dos novos temas da agenda internacional na matriz da PEB.

Importância do ministério na estrutura federal. O único indicador de mudança da relevância do MRE frente a outros ministérios foi a transferência de competências relacionadas à política econômica internacional para o recém criado "super-ministério" da Economia. No entanto, é difícil definir se isto representou uma mudança significativa na importância do Itamaraty *vis-à-vis* outras agências burocráticas. Mesmo assim, segundo Amorim (1997), o MRE precisou agir para garantir a competência em algumas áreas.

Considerados os indicadores utilizados para analisar a MPE do Governo Fernando Collor podemos analisar seu grau do redirecionamento. Com base nos quatro pontos utilizados para testar a hipótese, o governo cumpriu dois pontos de maneira total e dois de maneira parcial. No primeiro grupo, incluímos a mudança multidimensional, já que constatamos que o novo governo representou mudança em diversas áreas temáticas da PEB, e a questão temporal, já que o período de tempo utilizado por Collor para promover a nova moldura legislativa para regular o meio de inserção internacional da economia brasileira e para transformar a matriz da PEB em relação aos novos temas da agenda internacional foi consideravelmente curto. No segundo grupo, incluímos, primeiramente, a questão dos discursos, pois constatamos que, apesar dos discursos e das investidas em mudar o meio de inserção internacional brasileiro, a dificuldade em coordenar um projeto coeso representou uma mudança que ficou mais no campo retórico que no campo das ações; por fim, apesar de ter imprimido uma mudança na direção da PEB, Collor não conseguiu que isso resultasse em uma maior participação do Brasil nas decisões internacionais.

Além destas tipologias, identificamos uma mudança considerável na postura em relação ao *hegemon* como explicitado anteriormente, representada pela aproximação e remoção de pontos de atritos nas relações bilaterais.

Em relação aos quatro indicadores referentes à mudança na estrutura burocrática, só encontramos dificuldade em definir se existiu de fato perda de importância do MRE em relação a outras agências, enquanto nos outros três indicadores há evidências de que ocorreram mudanças substanciais com influência sobre o Itamaraty.

Por fim, algumas considerações devem ser feitas antes de analisar o grau de MPE. Apesar de algumas mudanças terem sido iniciadas no Governo Sarney, consideramos que as alterações que podem ter representado certo grau de ruptura nos rumos da PEB ocorreram na administração de Collor, enquanto que com Sarney as mudanças foram apenas adaptações de percurso.

Chegamos a esta conclusão por considerarmos importante a janela política nos processos de MPE. A alta saliência do tema da política externa nas eleições de 1989, a mudança de regime e o baixo comprometimento com a política externa anterior foram determinantes para que ocorresse um redirecionamento na política externa. As insatisfações e mudanças nas percepções quanto aos custos e benefício do modelo protecionista brasileiro, apesar de terem tido efeitos durante o Governo Sarney, entraram realmente em pauta na agenda política durante as eleições. A mudança de governo permitiu que um novo grupo implementasse este projeto vitorioso nas eleições e a realização, de forma rápida, das reformas necessárias a promover uma mudança significativa na política externa. Por fim, o comprometimento de Sarney com o antigo modelo de desenvolvimento e com a política terceiro-mundista dificultou que o mesmo adotasse mudanças radicais. A ascensão de um novo líder comprometido, desde sua eleição, com a reforma do Estado e com o desenvolvimento de um novo tipo de inserção internacional representou um fator importante na mudança mais drástica da política externa.

Dentre os quatro níveis graduais de mudança, considerando que alguns dos pontos de nosso modelo não foram cumpridos pela MPE do Governo Collor e algumas mudanças já haviam sido iniciadas durante o Governo Sarney, classificaremos como mudança de problema ou de objetivo (HERMANN, 1990) ou reforma (ROSATI, 1994): o terceiro dentro dos quatro níveis de gradação propostos pelos autores remete a uma mudança no problema ou no objetivo inicial da política externa, sendo este substituído por novos propósitos, uma mudança considerada significativa, mas não a mais extremada. Esta gradação também pode ser bem relacionada com o projeto de Collor de "atualizar" a agenda internacional brasileira, incluindo novos temas e imprimindo um novo projeto de inserção internacional.

Capítulo IV
Análise comparativa

Passamos, agora, à análise comparativa entre os dois governos estudados. Nela, buscaremos identificar se existe um padrão de comportamento dos principais atores no campo da política externa em momentos de MPE. Faremos, também, um balanço acerca do modelo desenvolvido e algumas considerações finais.

A literatura de PEB já identificou algumas similaridades entre os dois períodos. Lima (1994), por exemplo, considera que o Governo Castello Branco se caracterizou pelo alinhamento aos Estados Unidos, e que na gestão de Collor, o Brasil buscou resgatar a aliança especial como os EUA. Já Cervo e Bueno (2002) afirmam que Fernando Collor promoveu a volta ao alinhamento hemisférico, relembrando a política do 1º presidente-general. Mello (2000) pensa que Collor teria ressuscitado a antiga política de aliança especial com os Estados Unidos pelo estabelecimento de uma "parceria seletiva" com a superpotência para potencializar o desenvolvimento nacional. Os traços comuns entre as diversas interpretações são dois: a) os dois governos representaram momentos de ruptura na PEB; b) ambos buscaram uma aproximação aos EUA, apesar de haver variação quanto ao grau em que isso tenha ocorrido, podendo ter representado uma política de alinhamento, de aliança especial ou de aproximação.

Por outro lado, Casarões (2011) considera que, com Collor, não teria ocorrido um alinhamento aos Estados Unidos, como nos moldes da Guerra Fria, nem uma mudança profunda nos quadros conceituais da PEB. O autor afirma que concorda com a ideia de Letícia Pinheiro (2000), que classifica o período como "institucionalismo pragmático". Em seu ensaio sobre os paradigmas da PEB, a autora classifica o Governo Castello como "americanismo ideológico", sendo assim, uma categoria diferente daquela dada ao período Collor.

Faremos agora uma comparação entre os pontos de nosso modelo nos dois casos estudados.

Primeiro, as fontes políticas domésticas. No Governo Castello, o cenário foi caracterizado como de baixa fragmentação política, devido à condição de exceção do regime, que garantiu o agrupamento das forças políticas em torno do combate ao comunismo. Esta característica, no entanto, seria responsável pela relativa instabilidade do regime, devido às disputas entre segmentos militares. A composição social das elites que apoiavam o regime passou por uma radical mudança em relação ao antecessor, com a ascensão de grupos vinculados ao capital financeiro internacional, que compuseram os quadros burocráticos do governo. Por fim, a legitimação do governo estava altamente atrelada ao combate ao comunismo e, sendo assim, a política externa se tornou um complemento ao projeto de segurança nacional, resultando no direcionamento da política externa para complementar este objetivo doméstico.

No Governo Fernando Collor, apesar da alta fragmentação política, os poderes legislativos do presidente e seu capital político-eleitoral garantiram a ele o poder para implementar as reformas desejadas em curto espaço de tempo. A composição social das elites, já apresentava mudanças desde o governo anterior, e os setores insatisfeitos com a política protecionista, se agruparam em torno de sua candidatura, representando uma nova coalizão com interesses atrelados ao do capital financeiro internacional. A política externa representava, para o governo, uma forma de complementar seu projeto de modernização, que só seria possível por meio da inserção internacional das empresas brasileiras e uma aproximação do primeiro mundo para superar os problemas econômicos.

Em ambos os casos, as fontes domésticas apontavam para a MPE. Mesmo em um cenário com certa fragmentação política, o presidente Collor possuía poder para definir a política externa, seja por meio da nomeação de um chanceler que compartilhava suas ideias, seja pela utilização de seus poderes legislativos para introduzir novos marcos regulatórios domésticos, que afetavam diretamente as bases para negociações internacionais. O histórico embate entre dois meta-projetos de desenvolvimento – um mais atrelado ao desenvolvimento nacional pela atuação do Estado em setores estratégicos e outro mais liberal e integrado ao capitalismo internacional – garantiu que nos momentos de crise de um deles, parte das elites insatisfeitas se agrupasse em torno do outro, se tornando sua base de apoio. Para isso, só foi necessário buscar um meio de legitimar as mudanças, sendo que no Governo Castello, foi o atrelamento do governo anterior ao comunismo e, no Governo Collor, a relação do modelo protecionista com o baixo desempenho econômico e do Estado regulador como restrição às liberdades políticas e econômicas. Por fim, em ambos os casos, a política externa estava comprometida com os objetivos do governo, sendo, a associação entre as duas, necessária para o sucesso do projeto.

Segundo, as fontes econômicas domésticas. Em ambos os governos, maus indicadores apontavam que a economia estava em processo de estagnação ou encolhimento. Esta fonte também deu legitimidade para as mudanças inseridas na agenda e embasou os ataques aos modelos anteriores. A transformação das relações entre Estado e empresas também foi utilizada pelos governos para direcionar a economia aos rumos desejados, garantindo os interesses do capital financeiro internacional, considerado pelos governos como uma fonte de divisas, necessária para superar o cenário de crise.

Terceiro, as fontes políticas internacionais. O SI no Governo Castello era bipolar estático e a potência hemisférica, buscava, frente à ascensão de ideologias de esquerda na região, pressionar os países de sua área de influência a se alinhar ao Ocidente no conflito Leste-Oeste. A postura de distanciamento ao conflito mundial do Governo João Goulart não era vista com bons olhos pelos EUA, que por meio de alianças com elites conservadoras, buscou desestabilizar o governo de esquerda. Em um cenário totalmente diferente, o governo anterior ao de Collor também enfrentou pressões sistêmicas para se adequar à nova ordem internacional, liderada pelos Estados Unidos. O presidente Fernando Collor encontrou um SI em processo de transição que apontava para a necessidade de remodelar a agenda internacional brasileira.

Quarto, as fontes econômicas internacionais. De maneira muito semelhante, nos dois casos estudados, enquanto o Brasil passava por crises econômicas, a internacional estava em processo de expansão. Ao mesmo tempo, as instituições financeiras internacionais pressionavam os governos para implementar mudanças na política econômica como condição para negociar dívidas, investimentos e empréstimos. Da mesma forma, o fluxo de capital externo havia diminuído devido às políticas dos governos anteriores, pela Lei de Remessas de Lucros de João Goulart ou pela moratória do Governo Sarney.

Podemos perceber nesta revisão das *fontes* que todas suas categorias configuraram-se como fatores que incentivavam os dois governos a rever suas políticas externas. Consideramos que os contextos doméstico e internacional tiveram importância fundamental nos processos de mudança. Ao mesmo tempo, podemos concordar com Flávia Mello (2000) que no Governo Castello Branco, questões domésticas foram mais determinantes; por outro lado, no Governo Fernando Collor, fatores internacionais tiveram um peso importante. Em relação ao primeiro, remetemos isso ao fato da própria existência do regime estar atrelada a uma mudança nesta esfera, enquanto que no segundo, as restrições do cenário internacional seriam os maiores empecilhos para o Brasil a superar a crise econômica.

O descompasso da política externa com os câmbios nacionais e internacionais demonstra que, por vezes, as agências burocráticas, identificadas com a continuidade e institucionalização de padrões de comportamento não adaptavam a política externa no mesmo passo que as transformações domésticas e internacionais. Assim, dentro de um contexto que classificamos como janela política, os líderes optaram por mudanças bruscas na PEB para se alinhar às demandas da Sociedade e do SI. Nossa constatação foi que os dois governos em foco cumpriram os cinco pontos enumerados para categorizar a janela política.

Como ambos os governos se apresentaram como promotores da mudança – Castello sendo freio à guinada comunista e Collor o projeto de modernização e superação do atraso econômico – seus projetos de atuação internacional representavam fortes críticas aos governos anteriores tendo, assim, um baixo comprometimento (1) com eles.

Mesmo que não houvesse na agenda política, várias alternativas (2), o projeto concorrente ao existente representou a alternativa necessária para a superação dos problemas tidos como os principais pelos governos entrantes. A existência de setores que apoiavam este novo projeto e a insatisfação com os resultados obtidos pelo anterior, também serviram para a ascensão e aceitação ampla da nova agenda política.

No período anterior à ascensão, ou inicial dos dois governos, a política externa era um tema de alta saliência na política doméstica (3). De um lado, a política externa de Jango havia levantado críticas de setores conservadores pela aproximação à URSS, de outro, Sarney presenciou a crescente insatisfação de grupos de interessedevido à proteção a setores estratégicos da economia em detrimento dos seus. Durante o Governo Castello, a influência da disputa ideológica internacional nos assuntos domésticos significava a dificuldade de desvencilhar um projeto nacional com objetivo de distribuição da riqueza do modelo internacional de Estado socialista. Com Collor, o cenário de redemocratização representou o aumento da discussão pública em torno de assuntos de política externa, sendo o tema das relações internacionais foi discutido na Assembleia Constituinte e nas eleições presidenciais de 1989.

Os dois governos ascenderam em um cenário de crise política e econômica (4). Além dos dois presidentes assumirem o poder com o país passando por dificuldades econômicas, o governo militar enfrentava uma crise política relacionada a sua própria origem, resultante da ruptura do regime político; o Governo Collor teve que administrar as disputas setoriais emergentes com o recente fim de um modelo político fechado.

Por fim, ambos representaram mudança de regime (5). A mais clara, no primeiro caso, devido ao golpe militar de 1964 que levou à posse de Castello Branco, enquanto Collor foi primeiro presidente eleito depois de mais de 20 anos de regime fechado. Sua eleição representou a substituição quase total do grupo no poder, com a inserção de uma nova agenda e nomes identificados com a pauta de reformas.

Estas características teriam tido, conjuntamente, o peso de garantir as condições necessárias para os presidentes iniciarem um processo de reforma, de acordo com suas leituras das fontes. Além da importância do tema da política externa para os governos analisados e sua alta saliência na agenda doméstica, o cenário de crise e de mudança de regime abriram espaço para a execução de uma ação política "extraordinária": um ambiente de crise está associado com a noção de incerteza e de urgência, garantindo legitimidade a políticas que buscam solucionar os problemas vigentes da maneira mais rápida possível.

Durante o processo de MPE, remetemos ao líder do governo um papel essencial, não desconsiderando a importância do Legislativo e das burocracias. A questão chave neste ponto é que a postura do presidente é determinante na autonomia relativa do MRE em definir a política externa, seguindo a ideia de Lima (1994). Complementarmente, Hermann (1981) e Hermann *et al.* (2001) consideram que um líder optará por um redirecionamento se tiver interesse e envolvimento ativo na política externa e se o tema for visto por ele como essencial para a manutenção do regime. Os presidentes utilizaram sua autoridade do cargo para legitimar suas políticas externas: Castello Branco justificou a necessidade da MPE pelo apoio da sociedade ao auto-intitulado "Governo da Revolução" para restabelecer a ordem política e afastar o perigo comunista; Fernando Collor se apoiou em seu capital político-eleitoral e embasou a legitimidade de seu projeto modernizante ao pedido da população em imprimir novos rumos ao Brasil. Por fim, o cenário de crise garantiu, aos líderes, maior poder decisório.

Mesmo assim, a ideia de "líder predominante" não parece adequada para definir o modo como as decisões foram tomadas em busca de promover uma MPE. O conceito de "líder predominante" de Hermann e Hermann (1989) não seria adequado para descrever a estrutura decisória nos governos analisados pelo peso que esta categoria dá a este ator (líder) – decisão seria resultado da escolha individual do líder – mesmo que em sua definição, os autores apontem a importância da sensibilidade do líder ao contexto político e seu estilo político na determinação dos resultados.

Nos dois casos, uma moldura mais adequada para analisar o problema deveria inserir os principais atores envolvidos em política externa. Uma sugestão seria um modelo que alocasse o presidente no alto da estrutura decisória, ao mesmo tempo em que o legislativo e as burocracias influenciam nas decisões, respectivamente, remodelando os projetos de lei do presidente e negociando acordos, ou aproximando a política imposta pelo presidente de suas crenças.

Nos dois casos, existe um padrão na postura do presidente que significou a implementação de outro modelo de política externa, mas não consideramos que isto significou a marginalização do Itamaraty no desenvolvimento da política externa. Mesmo que os novos quadros conceituais não tenham nascido no MRE, o ministério teve um papel importante. O fato é que como o presidente se localiza no topo da hierarquia decisória e, por meio da nomeação de um chanceler que apóie suas ideias, ele consegue um interlocutor para lhe prover informações e garantir que a casa siga suas diretrizes de atuação internacional; caso uma política imposta pelo presidente resulte em forte relutância na casa, o ministro poderá informar o presidente, que terá a opção de ajustar sua política ou por segui-la, sabendo do alto custo político de tal decisão. O MRE, como uma agência componente do poder executivo, deve seguir as ordens superiores e não tem poder para frear iniciativas presidenciais; do contrário, uma política em desacordo com as diretrizes domésticas significaria perda do poder de barganha, falta de legitimidade e fracos resultados nas negociações. A posição no topo da estrutura administrativa federal também garante ao presidente poder para reformular políticas domésticas com influência determinante na política externa.

Um modelo que se aproxima da estrutura decisória brasileira foi aquele desenvolvido por Truman (1945-1953) durante sua administração. Ele foi explicado por George (1988): o presidente Truman buscou enfraquecer a política burocrática pelo fortalecimento do papel dos chefes de cada departamento, delegando responsabilidades a eles. Isto está de acordo com os casos estudados pela importância de algumas figuras, como Roberto Campos, Vasco Leitão da Cunha e Juracy Magalhães para Castello Branco, e Zélia Cardoso, Francisco Rezek, Marcos Azambuja, Marcílio Marques Moreira e Rubens Ricupero para Fernando Collor. Além disso, alguns destes nomes, como Juracy Magalhães, Zélia Cardoso e Marcílio Moreira, ocuparam mais de um alto posto durante os governos em que atuaram, mostrando a importância de cada um para os presidentes. As trajetórias de Juracy Magalhães e Marcílio Marques Moreira são muito parecidas: o primeiro saiu da Embaixada em Washington para ocupar o cargo de ministro da Justiça e depois o de ministro das Relações Exteriores; o segundo saiu da Embaixada em Washington para assumir o MEFP. A importância de cada um dentro do governo também salienta a importância que os presidentes davam ao posto na capital dos Estados Unidos, considerada uma embaixada de suma importância para os projetos de política externa de ambos.

Seguindo no modelo de Truman, o presidente busca ouvir opiniões e pareceres sobre determinados assuntos por especialistas de cada área para depois anunciar a decisão, centralizando a responsabilidade pelas decisões tomadas. Estas características também estiveram presentes nos dois governos: Castello Branco realizava reuniões periódicas com a SG/CSN, onde obtinha consenso e apoio para as medidas que seriam tomadas, as relações com os Estados Unidos eram acompanhadas através da presença de Juracy Magalhães na embaixada; Collor realizou diversas reuniões com sua equipe econômica ao mesmo tempo em que centralizou as responsabilidades em comandar pessoalmente o plano econômico, também fez contatos com autoridades da área militar para tratar da política nuclear para depois anunciar a mudança na questão nuclear, ou convocou uma reunião inter-ministerial para a discussão da questão ambiental enquanto utilizou a mudança de postura na área para melhorar a imagem internacional brasileira.

Assim, um modelo para analisar o modo como as decisões de alta cúpula em política externa são tomadas no Brasil deve estar estruturada (apenas nos casos em que o presidente tem interesse de atuar na área de política externa) da seguinte forma: presidente no topo; no nível abaixo, ministérios e secretarias, e o Poder Legislativo. Os ministérios seguem ordens do presidente e são politicamente dirigidos por um ministro nomeado pelo presidente. Ao mesmo tempo, durante o processo de desenvolvimento da política externa, os ministérios têm certa margem de manobra para tomar decisões e aproximá-las de suas crenças, mas devendo seguir as diretrizes gerais do presidente. O Poder Legislativo, devido ao poder de agenda do presidente, também segue os rumos desejados pelo líder enquanto realiza negociações em que barganha o comando de ministérios e aprovação de MP ou leis de iniciativa presidencial. Em assuntos de alta saliência pública, as negociações tendem a ser mais difíceis, tendo o presidente que ceder em pontos sensíveis ou destinar maiores verbas aos ministérios da coalizão; no entanto, são raros os relacionadas à política externa incluídos nesta categoria.

Seguindo as linhas do esquema analítico de MPE proposto neste livro, passamos a analisar especificamente a variável dependente.

O teste de hipótese se mostrou satisfatório por exigir o cumprimento de diversos pontos para embasar a tese de redirecionamento na política externa. Primeiro, devido à forte relação entre a política externa e o projeto nacional, os governos analisados imprimiram mudanças em diversas áreas temáticas: Castello, nas áreas de segurança, economia, política regional, leitura do SI e na base conceitual da política externa; Collor, nas áreas militar, dívida externa, direitos humanos, meio ambiente, comercial e integração regional. Além disso, também ocorreu uma alteração no ordenamento dos temas da agenda internacional, com a priorização da segurança por Castello e da comercial por Collor. Segundo, ambos mudaram a direção geral da PEB, ao mesmo tempo em que buscaram aumentar a participação brasileira no SI, independente do sucesso obtido. Terceiro, os câmbios ocorreram dentro de uma moldura temporal curta e foram abruptas. Castello, pela ruptura do regime político, teve desde o início o claro objetivo de reverter rumos anteriores. Em relação à Collor, mesmo que a mudança, em algumas áreas, tenha sido iniciada durante o Governo Sarney, os 100 primeiros dias de seu governo representaram a concretização de uma nova postura em política externa. Quarto, uma nova postura em relação ao *hegemon*: há consenso na literatura de que ambos se aproximaram dos Estados Unidos.

Os períodos analisados também representaram mudanças substanciais na estrutura, no papel, nas tarefas, nas áreas de atuação do Itamaraty e na função do chanceler. Nossa interpretação é que essas mudanças foram manobras políticas para garantir o sucesso dos processos de MPE. Vasco Leitão da Cunha, ao conseguir apoio do presidente para promover um processo de cassações mais brando no MRE, angariou apoio político dentro do ministério para a nova política externa; este processo também foi facilitado pela alocação de oficiais nas principais embaixadas e a substituições de embaixadores antigos através da mudança na regulamentação das aposentadorias. O seguimento das diretrizes de política externa do regime militar pelo Itamaraty também resultou em aumento das responsabilidades do ministério, atuando em novas áreas e se tornando uma instituição essencial para os objetivos do regime em investigar as atividades comunistas na América Latina. Collor também alterou a estrutura ministerial: a escolha de Rezek, apoiador de seu projeto, garantiu a aproximação do segmento da casa identificado com a política externa de Collor; por outro lado, a mudança na estrutura e nas regras de aposentadoria pode ter resultado em aumento de seu poder e dos quadros identificados com seus objetivos; o presidente também inseriu novas áreas temáticas de atuação do MRE, representando seu interesse de atualizar a PEB e adequá-la aos novos temas da agenda internacional.

Em relação ao grau da MPE, consideramos que o Governo Collor representou uma mudança menos profunda por não cumprir todos os pontos do nosso teste de hipótese; além disso, as mudanças iniciadas por Sarney e a falta de consenso na literatura quanto à existência de uma ruptura na política externa nos levaram a classificá-la como tal. O Governo Castello cumpriu praticamente todos os pontos levantados, levando-nos a classificá-lo como o grau de mudança mais radical na política externa.

Considerações finais

Este livro buscou analisar as principais variáveis com influência sobre seu objeto, a MPE. Consideramos que o esquema analítico desenvolvido serviu de maneira satisfatória para estudar os dois governos selecionados. Ademais, seria interessante aplicar o mesmo para analisar casos de MPE de outros governos, tanto brasileiros, como de outros países, sabendo da possível necessidade de adaptação para os últimos. Somente com a análise de mais casos seria possível testar de maneira mais precisa a utilidade do esquema analítico; a análise de mais governos também serviria para fazer inferências mais robustas sobre a MPE e suas variáveis independentes.

Adicionalmente, consideramos importante analisar algumas outras questõesrelacionadas ao tema da MPE. De início, serão abordados duas que não foram discutidos de maneira mais aprofundada neste livro.

Primeiro, a ideia de *feedback* (não discutida no texto, mas incluída na *figura 2*). Consideramos que, após a MPE ocorrida nos dois governos estudados, esse processo ocorreu. Isto resultaria de uma mudança considerável na política externa levar à insatisfação de setores identificados com o *status quo*, que agiriam para restabelecer padrões existentes anteriormente. Complementarmente, os resultados obtidos por um tipo de inserção internacional, após um período de tempo, passam a ser analisados pelos tomadores de decisões, que podem optar por rever alguns pontos considerados como ineficientes.

No Governo Castello Branco, sua substituição por Costa e Silva representou a ascensão de atores mais identificados com a "linha dura" e de um novo presidente que não tinha a mesma concepção da aliança ocidental que Castello. A escolha de Magalhães Pinto para chanceler foi uma demonstração da não concordância com a política externa vigente; em outros ministérios, as escolhas de Costa e Silva também representaram a revisão das políticas econômicas em relação àquele implementada por Roberto Campos e Octávio Bulhões (BRANCO, 1977). Na literatura de PEB defende-se a ideia de que no Governo Costa e Silva houve o retorno a características da PEI, traços nacionalistas da diplomacia, além de uma mudança de postura em relação aos Estados Unidos (CERVO E BUENO, 2002; CRUZ, 2009; MARTINS, 1975; PINHEIRO, 2000).

No Governo Fernando Collor, a ascensão de Celso Lafer ao comando do ministério teria representado um processo semelhante. O próprio ex-chanceler alega que desenvolveu um novo paradigma para a PEB, considerando os avanços já realizados no Governo Collor, mas buscando retomar traços tradicionais do MRE (LAFER, 1993). A mudança no comando do ministério também é considerada, pela literatura, como um momento de reajuste das diretrizes desenvolvidas durante o período inicial da administração de Collor (ARBILLA, 2000; MELLO, 2000; VIEIRA; 2000). Complementarmente, Amorim (1997) considera que o Governo Itamar "foi um período de correção, de correção de certos impulsos excessivos, aproveitando aquilo que havia de positivo no governo Collor" (p. 16).

Em seguida, abordamos um ponto levantado na discussão teórica do primeiro capítulo que tampouco foi explorado nos capítulos seguintes:qual seria o motivo das MPE? Consideramos que, além das diversas variáveis já analisadas, alguns fatores complementares também podem ter sido influentes: (1) a sobrevivência ou legitimidade o do regime existente pode estar atrelada a uma MPE, assim, se o objetivo inicial do governo está relacionado à necessidade de mudar a área de política externa, os custos políticos de o líder promover uma mudança se tornam inferiores àqueles da continuidade; (2) no caso brasileiro, país periférico, como o Estado foi historicamente a principal força econômica, a política de Estado esteve relacionada com o campo econômico, levando uma decisão de promover mudanças na política econômica a ter influência sobre a política externa, que historicamente se tornou uma das ferramentas para alcançar o objetivo do Estado de promover o desenvolvimento econômico; (3) a MPE também pode ser um meio de se diferenciar do governo anterior, um meio de demonstrar a intenção de um novo regime em promover mudança em diversas esferas, sendo a política externa, apenas uma entre diversas.

Por fim, outra questão importante é pensar em qual seria o determinante da diferença nos graus de MPE. No entanto, é complicado fazer algum tipo de inferência deste tipo já que foram analisados apenas dois casos, por isso, estabelecer qualquer tipo de relação de causalidade seria correr riscos. Podemos fazer um exercício de reflexão sobre esta questão com base nas principais diferenças entre os casos analisados, que teriam efeito sobre a diferença nos resultados (grau da MPE); as principais diferenças entre os processos nos governos estudados são: maior peso aos determinantes domésticos e maior importância da janela política (também vinculada a influências de origem doméstica) na MPE do Governo Castello.

Estes dois fatores podem explicar porque a MPE implementada por Castello Branco foi mais radical: fatores domésticos teriam mais influência na política externa pela vinculação do projeto político do governo com a política externa em si e pela própria legitimidade do novo governo estar atrelada a este projeto; no governo Collor, o ambiente internacional era a origem das pressões mais fortes pela mudança, mas dado o fato das decisões em política externa serem tomadas no âmbito doméstico significou a necessidade de negociação interna e busca de consenso na promoção da MPE.

Complementando este argumento, a necessidade de buscar consenso e negociar o processo de MPE teria a influência de diminuir seu grau, algo semelhante ao argumento de Rosenau (1966), e outros autores que relacionam regime político com política externa, de que as instituições democráticas garantem maior estabilidade à condução da política externa, devido às restrições legais e constitucionais relacionadas a este tipo de regime.

Por fim, algumas considerações sobre a importância do tema da MPE para as literaturas de APE e PEB e RI. A nosso ver, há necessidade de avançar na análise de casos de MPE pelos seguintes motivos: processos de redirecionamento, apesar do caráter de urgência, podem ter efeitos de longo prazo, se tornando a linha de ação para longos períodos de estabilidade; conjunturas características de momentos de MPE têm impacto mais forte sobre os Estados no SI por serem marcadas por um comportamento mais acentuado de seus rivais; processos de MPE podem ser marcados por serem momentos de crise, quando as ações dos principais atores em política externa estão mais expostas ao público, permitindo recolher informações ricas sobre a maneira como as são decisões tomadas. Por fim, também consideramos importante o avanço no desenvolvimento de molduras teóricas, como o esquema analítico apresentado neste artigo, para desenvolvimento de análises mais sistemáticas das fases de desenvolvimento, tomada de decisões e implementação na política externa.

Lista de documentos

Documento nº 1. Correspondência confidencial enviado pela Embaixada nos Estados Unidos acerca dos acordos financeiros com o Eximbank.

Documento nº 2. Relatório enviado pelo Ministro da Fazenda, Octávio Bulhões, para o Diretor-gerente do FMI, Pierre-Paul Schweitzer, sobre as reformas na política fiscal, monetária, comercial, tarifária e institucional, realizadas no Brasil.

Documento nº 3. Relatório confidencial sobre as atividades da Embaixada brasileira em Washington entre junho e dezembro de 1964, endereçado à Vasco Leitão da Cunha e assinado por Juracy Magalhães.

Documento nº 4. Relatório do MRE de informações confidenciais acerca das relações políticas e ação diplomática com o Mundo Comunista.

Documento nº 5. Correspondência confidencial da Embaixada em Washington remetendo um relatório do Subcomitê de Assuntos Latinoamericanos da Câmara dos Deputados dos EUA sobre a infiltração comunista na América Latina.

Documento nº 6. Correspondência confidencial do embaixador nos Estados Unidos, Marcílio Marques Moreira, tratando do convite do *Los Angeles World Affairs Council* ao presidente Fernando Collor para proferir conferência naquela organização.

Documento nº 7. Convite do *Americas Society* e *Council of Americas* para o presidente participar de evento realizado pelas instituições com a presença de 40 chefes-executivos de firmas estadunidenses interessadas em investir no Brasil.

Documento nº 8. Correspondência confidencial enviada por Marcílio Moreira, tratando do convite do *Washington Institute of Foreign Affairs* para Collor ser orador de evento realizado em sua homenagem.

Documento nº 9. Convite da Universidade de Yale para o presidente Collor visitar a instituição na qualidade de *Chubb Fellow*, título honorífico mais elevado da universidade.

Documento nº 10. Agenda das reuniões da Missão de Alto Nível sobre o acesso a tecnologias avançadas realizadas em dezembro de 1991.

Documento nº 11. Correspondência confidencial enviada pela Embaixada em Washington sobre desdobramentos políticos internos nos Estados Unidos em relação à disputa entre Congresso e Executivo para decidir nos temas de transferência de tecnologia avançada em armas químicas e biológicas.

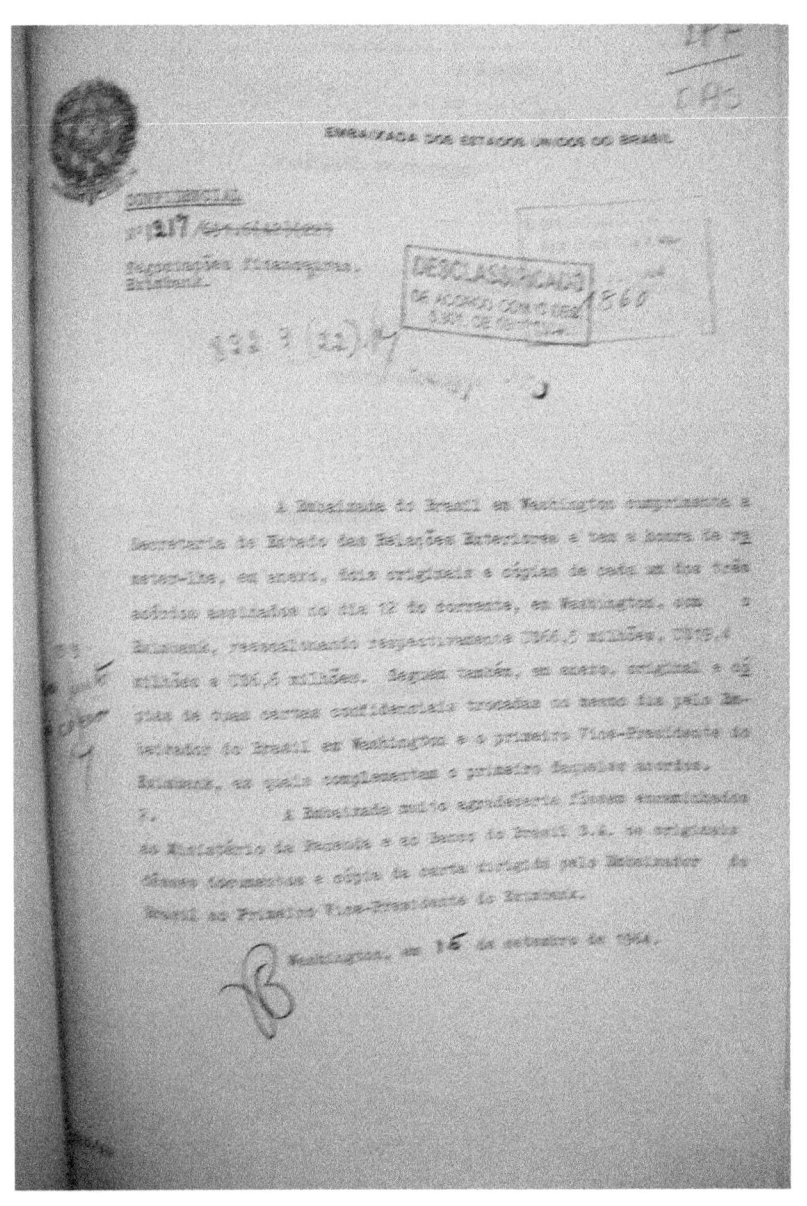

Documento nº 1. Correspondência confidencial enviado pela Embaixada nos Estados Unidos acerca dos acordos financeiros com o Eximbank.

CONFIDENTIAL

INTERNATIONAL MONETARY FUND

Brazil - Modification of Stand-By Arrangement

Prepared by the Western Hemisphere Department

(In consultation with the Exchange and Trade Relations
Department and the Legal Department)

Approved by Jorge Del Canto

September 8, 1965

DESCLASSIFICADO
DE ACORDO COM O DEC.
5.301, DE 09/12/2004

1. The attached letter dated September 6, 1965 from the Minister of Finance of Brazil reviews the performance of the Brazilian economy during the first seven months of 1965, and advises that on June 30, 1965 the net monetary assets of the monetary authorities exceeded the ceiling provided by the stand-by arrangement with Brazil (EBS/64/210, Supplement 2). The net domestic assets, which are defined as the gross domestic assets minus the offsets from collections of the exchange surcharges, prior deposits for foreign exchange sales and balances in the coffee fund and in P.L. 480 and U.S. AID counterpart funds, totaled Cr$3,106 billion on June 30, 1965. In paragraph 11 of the letter annexed to the stand-by arrangement, it was stated that the net domestic assets will not exceed Cr$2,800 billion prior to July 1, 1965, and in paragraph 6 of the stand-by arrangement it was provided that the observance of the ceiling is to be determined by reference to the data as of the end of the last preceding calendar quarter.

The factors and circumstances which led to the excess mentioned above are described below within the framework of a review of the results obtained under the Brazilian program, supported by the stand-by arrangement with the Fund, during the first seven months of its operation. Some such factors were described in EBS/65/70, dated April 28, 1965, issued in connection with an excess of net domestic assets over the March 31 ceiling. At that time, the Brazilian authorities hoped that the causes of that excess would soon disappear and that the excess would prove temporary.

2. Broadly speaking, the program undertaken by the Brazilian authorities consisted of a set of restraining financial measures of a general nature combined with selective measures affecting primarily prices of goods and services of mass consumption, such as public utilities, fuel, rents, and certain foodstuffs. The two sets of measures tended to have opposite effects on the price level, as the latter involved upward revisions of individual prices concerned to correct or eliminate the distortions produced in past years. In fact, because of these upward price adjustments, the effect of the general credit and fiscal measures became apparent only in April 1965. Since then, the monthly rates of increase in the cost of living index and in the wholesale price index continued to fall at a rapid pace, as shown below.

Documento nº 2. Relatório enviado pelo Ministro da Fazenda, Octávio Bulhões, para o Diretor-gerente do FMI, Pierre-Paul Schweitzer, sobre as reformas na política fiscal, monetária, comercial, tarifária e institucional, realizadas no Brasil.

- 2 -

DESCLASSIFICADO
DE ACORDO COM O DEC
5.301, DE 09/12/2004

	Monthly rates of increase	
1965	Cost of living	Wholesale prices
January	4.5	3.6
February	5.7	3.5
March	7.7	2.8
April	3.9	1.1
May	2.9	0.5
June	1.6	0.0
July	2.8	....

This important change in the price trends, combined with increased confidence resulting from the improved over-all situation, appears to have induced a sharp reversal in price expectations. This seems to have generated, as in the cases of other countries, consumer resistance which took the form of reduced purchases, particularly of consumer durables. Although no reliable data are available, there are indications that the portion of total consumer demand prompted in the past by lack of confidence in the currency largely disappeared, while some purchases may have been delayed in the expectation of price declines. This expectation-induced reduction in consumer demand was apparently reinforced by the income effect of the decline in output and employment in many lines of production which followed the reduced rate of sales. This reduction in sales added to the already excessive inventories in the distribution system, and led to an even sharper decline in orders to the factories. The attendant decline in output and employment added to the falling consumer demand. Similar effects derived from the insolvency of certain firms which had prospered under inflationary conditions but which, because of their excessive costs and weak financial situation, were unable to survive under more stable monetary conditions.

The trends mentioned above had beneficial effects on Brazil's external position. The reduced rate of output and the manufacturing sector's own effort to reduce its inventories, including those of imported material, resulted in a lower import demand. Available data suggest that the monthly rates of import demand of the private sector (excluding wheat and petroleum) during the first four months of the year were in the neighborhood of 80 per cent of the levels of the corresponding period in 1964. Moreover, the tight over-all financial conditions and the restored confidence in the cruzeiro appear to have induced the repatriation of residents' capital and the inflow of short-term capital. With the further help of an increase in nontraditional exports, which was facilitated by a more realistic exchange rate and simplified administrative procedures, the authorities were able to accumulate substantial foreign exchange reserves while reducing materially swaps and eliminating all commercial arrears, basically in accordance with the program submitted to the Fund. This contributed further to help confidence. On June 30, 1965, the net gold and convertible foreign exchange position, which under the program should not be less than minus $1,391 million, was minus $1,136 million,

Documento nº 2.

Rio de Janeiro, September 6, 1965

Mr. Pierre-Paul Schweitzer
Managing Director
International Monetary Fund
Washington, D. C.

DESCLASSIFICADO
DE ACORDO COM O DEC.
5.301, DE 09/12/2004

Dear Mr. Schweitzer:

The financial program presented to the Fund last January has so far achieved the basic goals envisaged by the Brazilian authorities. The rate of inflation has been declining since early 1965 and the external sector has shown steady improvement, much beyond the original expectations.

This letter describes the implementation by the Brazilian Government of its financial program in the first semester of 1965 and explains some deviations from original targets, indicating the compensatory measures adopted or contemplated for the second semester. It also refers to the most important institutional improvements achieved and expected in 1965.

Fiscal policy. The Government achieved all the objectives of the fiscal program. The Treasury total cash deficit for the first six months of 1965 amounted to Cr$362 billion, a figure within the limit of Cr$370 billion deficit recorded in the first half of 1964. The January-June 1965 deficit represented 28 per cent of the total revenue in the first half of 1965, while in the same period of the previous year this proportion was as high as 60 per cent. The financial program envisages not only a progressive reduction in the Treasury total cash deficit but also a qualitative improvement in expenditures. A surplus of Cr$40 billion of current revenues over current expenditures was to be achieved in the first six months of 1965. In fact, actual performance was much better, producing a Cr$145 billion current account surplus, a result originally expected only by the end of September. An additional surplus of Cr$72 billion was achieved in the July-August period. The Government has maintained its decision to prevent any increase in the level of wages and salaries of civil servants and military personnel in 1965.

Monetary policy. The Government has used all the available general instruments of control to keep credit operations below the monetary ceilings established in the financial program and to minimize the expansionist impact of the large increase in the foreign assets of the monetary authorities during the first semester of this year.

At the end of June, the Bank of Brazil's credit to the private sector (including commercial and rural credits and those extended to the agency in charge of the Government's program of agricultural price support) reached a level of Cr$226 billion (14 per cent) below the total programmed for this date. This margin was large enough to offset the nonplanned expansion of

Documento nº 2.

credit to the government agencies responsible for the control and financing of the sugar and rice crops. These loans increased by Cr$17.7 billion in the first semester, while a decline of Cr$31 billion had been estimated. This unforeseen increase was the consequence of specific problems in those agricultural sectors due in part to unusually large crops.

The tight credit policy of the Bank of Brazil, and the fact that the fiscal deficit did not exceed the programmed target, limited the expansion of the gross domestic assets of the monetary authorities in a way that would have permitted the net domestic assets to reach at the end of June a level well below the over-all ceiling agreed with the Fund, were it not for the unfavorable evolution of the main "offsets", particularly the coffee account fund, exchange surcharge and advance deposits.

The development of the coffee fund was importantly affected by conditions prevailing in the world market and in the exchange market of Brazil. The insufficient implementation of the International Coffee Agreement at a time when the main coffee importing countries were readjusting their inventories was responsible for the weak condition of the world coffee market.

The lower volume of coffee exports led to a sharp decline in the revenue collected from the export contribution quotas, and the Government had to purchase larger quantities of nonexported coffee using funds of the coffee account.

In addition, the other important offsets, the balance of exchange surcharges and advanced deposits, did not show the increase forecasted for the period. Rather, they produced a decline of approximately Cr$70 billion, mainly as a consequence of the impact of the business recession on the demand for exchange in the semester.

The final result of the developments described above was that total net domestic assets reached a level of Cr$3,105.6 billion at the end of June, an excess of Cr$305.6 billion over the ceiling agreed with the Fund.

The expansion of the money supply resulting from this source was likely to be absorbed by the expected increase in the demand for money associated with a period of stabilization. The firm policy of the Government in the exchange field, however, led the monetary authorities to buy large amounts of foreign exchange and the internal liquidity increase resulting from these purchases provided the basis for an additional secondary monetary expansion through the commercial banks. The monetary authorities counteracted this development by a sharp reduction in the availability of rediscount funds to these institutions. In fact, in early January a new rediscount policy was established whose main feature was to reduce to 15 days the length of the rediscount contrary to the traditional practice of permitting the banks to await the maturity of the rediscounted paper before liquidating their debt to the monetary authorities. As a result, the outstanding balance of rediscounts, excluding coffee refinancing operations,

Documento nº 2.

- 10 -

DESCLASSIFICADO
DE ACORDO COM O DEC.
5.301, DE 09/12/2004

fell from Cr$148.9 billion in December 31, 1964, to Cr$61.9 billion in June 1965, and did not exceed Cr$67 billion on any day during the first semester, while the ceiling established in connection with the stand-by arrangement with the Fund was Cr$160 billion at any time during the first semester and the third quarter.

In addition, more stringent controls were imposed on the administration of the reserve requirements of the commercial banks in order to speed up the settlement of their reserve position and to scrutinize more strictly their use of the executions in force.

Foreign trade and exchange policies. The foreign trade and exchange policies contemplated in the program have been fully implemented. The exchange rate quoted by the Bank of Brazil was kept in line with that of all private banks in the first half of 1965.

The monetary authorities are also giving considerable attention to the problem of registration of foreign capital and to the necessary authorization for all outgoing payments related to this capital. Our understanding with the Fund provided that outgoing remittances of investment income could be spread among a maximum of six monthly installments. The necessary authorizations for such remittances are being expedited and due to Brazil's favorable exchange position it has not been necessary to use the spread facility just mentioned.

Other measures were adopted to simplify the exchange system, such as the reduction in the retention quotas on exports of some agricultural products and the complete elimination of the discounts at which some inconvertible currencies were quoted.

The first semester of 1965 presented very favorable results in the external sector of the Brazilian economy, much beyond the original expectations, in spite of continued difficulties in the international coffee market.

The net accumulation of international reserves amounted to approximately US$330 million in the January-June period, of which only part was possible by drawings on compensatory loans obtained from the International Monetary Fund, governments and foreign banks. The other part resulted from net purchases of foreign exchange in the market by the monetary authorities. These purchases were also intended to avoid an undesirable appreciation of the exchange rate from the level of Cr$1,850 per U.S. dollar, reached last December.

Three main causes account for this improvement in the external sector. The first was the noticeable recovery of exports other than coffee, which totaled US$380 million in January-June of 1965, compared with US$256 million in the similar period of the last year. Most Brazilian export items have participated in the increase of US$124 million, which was partially offset by a considerable decline in coffee exports of approximately US$70 million.

Documento nº 2.

DESCLASSIFICADO
DE ACORDO COM O DEC
5.301, DE 09/12/20___

- 12 -	Attachment

Pricing policy. The objectives of the pricing policy have been to eliminate all subsidies on imports and to bring administrated prices to more realistic levels. In the case of services rendered by state-owned public utilities, this policy has the additional merit of reducing the operational deficit of the enterprises.

Upon request of the administration, Congress approved a law providing for progressive adjustment of rents of residential dwellings to become fully effective in a period of ten years. The correction of rents is expected to stimulate the construction industry, thus reducing the housing shortage.

Despite the realistic pricing policy, the Government succeeded in slowing down the pace of general price increases. In the period January-July 1965, the wholesale price index increased by 15.5 per cent and the cost of living index by 32.9 per cent. In the same period of 1964, these indexes rose by 51.3 per cent and 50.9 per cent, respectively.

Institutional improvements. In March 1965 new monetary and banking legislation was approved, the main feature of which was the creation of a powerful central bank which has already had, and will have in the future, an important influence on the stabilization of the economy.

Inflation and the lack of adequate legislation have been important deterrents to the development of a capital market in Brazil. The Government proposed, and the Congress approved, new legislation in July 1965 which, among other things, creates new types of financial paper and institutions, and empowers the monetary authorities to set technical and ethical rules for the proper functioning of the money and capital markets.

Institutional changes regarding wage dispute settlements have already been mentioned in this letter.

In August 1965, the Government sent to the Congress a bill which will define the basic principles for agricultural credit, empower the monetary authorities to set rules for agricultural credit, and will establish that all new funds destined for agricultural credit programs must be deposited with the central bank, which will also coordinate the uses of these funds. This legislation includes an item which empowers the central bank to set the proportion of the banking institutions' total credit that must either be channeled to agriculture or deposited with the central bank. The ability of the central bank to reorient private bank credit in favor of agriculture has so far relied solely on releases of funds from required legal reserves, so, the new legislation will also have the effect of reinforcing the power of the central bank to control total bank credit.

New measures adopted in the second semester. New lower ceilings were established for the two major credit departments of the Bank of Brazil at a combined level of about Cr$175 billion (11 per cent below the original ceiling).

Documento nº 2.

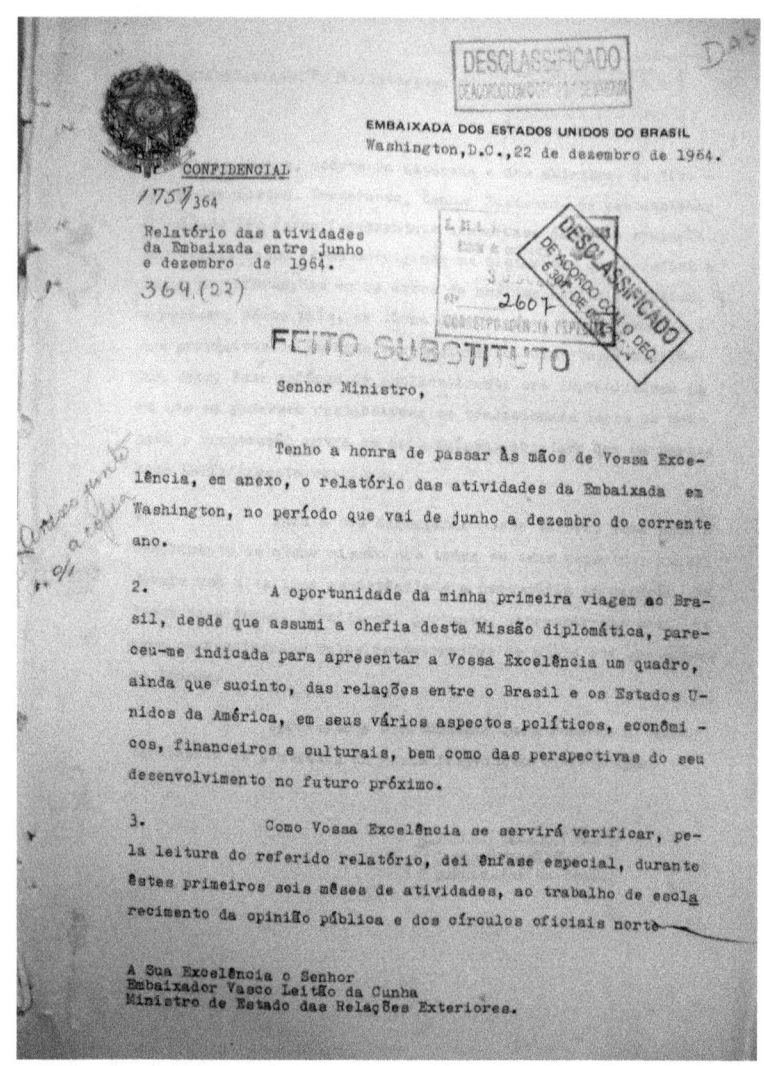

Documento nº 3. *Relatório confidencial sobre as atividades da Embaixada brasileira em Washington entre junho e dezembro de 1964, endereçado à Vasco Leitão da Cunha e assinado por Juracy Magalhães.*

Emb.Washington//757/364/1964/pag. 2

DESCLASSIFICADO

norte-americanos, acêrca da natureza e dos objetivos da Revolução brasileira. Tratava-se, Senhor Ministro, de restabelecer a verdade dos fatos fundamentais desta fase de nossa evolução histórica, dessa forma corrigindo as distorsões que a deficiência de informações ou os erros de análise haviam permitido surgissem, nêste país, em tôrno das origens, das motivações e dos propósitos do Govêrno revolucionário. Como Vossa Excelência sabe, êsse esfôrço de esclarecimento era imprescindível para que se pudessem restabelecer os tradicionais laços de amizade e cooperação entre os dois países, objetivo que me parece hoje perfeitamente realizado.

4.   Para o bom desempenho dessa tarefa, como para o cumprimento da minha missão sob todos os seus aspectos, contei sempre com a valiosa assistência e a necessária cooperação de Vossa Excelência. Permita-me, portanto, expressar-lhe aqui os meus agradecimentos pelas demonstrações de apoio com que sempre me honrou.

Aproveito a oportunidade para renovar a Vossa Excelência os protestos da minha respeitosa consideração.

Juracy Magalhães
Embaixador do Brasil

Documento nº 3.

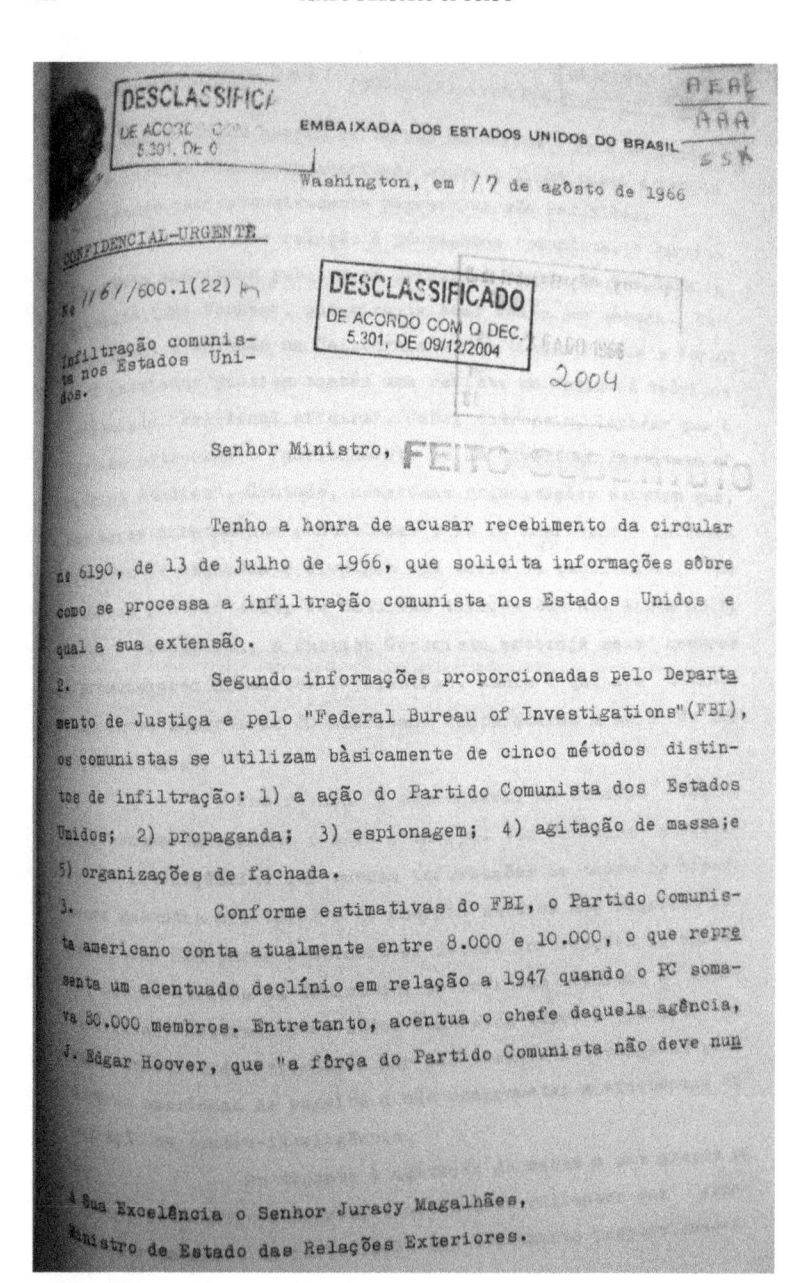

DESCLASSIFICADO
DE ACORDO COM
5.301, DE 0

EMBAIXADA DOS ESTADOS UNIDOS DO BRASIL

Washington, em / 7 de agôsto de 1966

CONFIDENCIAL-URGENTE

Nº //6//600.1(22)

Infiltração comunis-
ta nos Estados Uni-
dos.

DESCLASSIFICADO
DE ACORDO COM O DEC.
5.301, DE 09/12/2004
2004

Senhor Ministro,

  Tenho a honra de acusar recebimento da circular nº 6190, de 13 de julho de 1966, que solicita informações sôbre como se processa a infiltração comunista nos Estados Unidos e qual a sua extensão.

2. Segundo informações proporcionadas pelo Departamento de Justiça e pelo "Federal Bureau of Investigations"(FBI), os comunistas se utilizam bàsicamente de cinco métodos distintos de infiltração: 1) a ação do Partido Comunista dos Estados Unidos; 2) propaganda; 3) espionagem; 4) agitação de massa;e 5) organizações de fachada.

3. Conforme estimativas do FBI, o Partido Comunista americano conta atualmente entre 8.000 e 10.000, o que representa um acentuado declínio em relação a 1947 quando o PC somava 80.000 membros. Entretanto, acentua o chefe daquela agência, J. Edgar Hoover, que "a fôrça do Partido Comunista não deve nun

A Sua Excelência o Senhor Juracy Magalhães,
Ministro de Estado das Relações Exteriores.

Documento nº 4. Relatório do MRE de informações confidenciais acerca das relações políticas e ação diplomática com o Mundo Comunista.

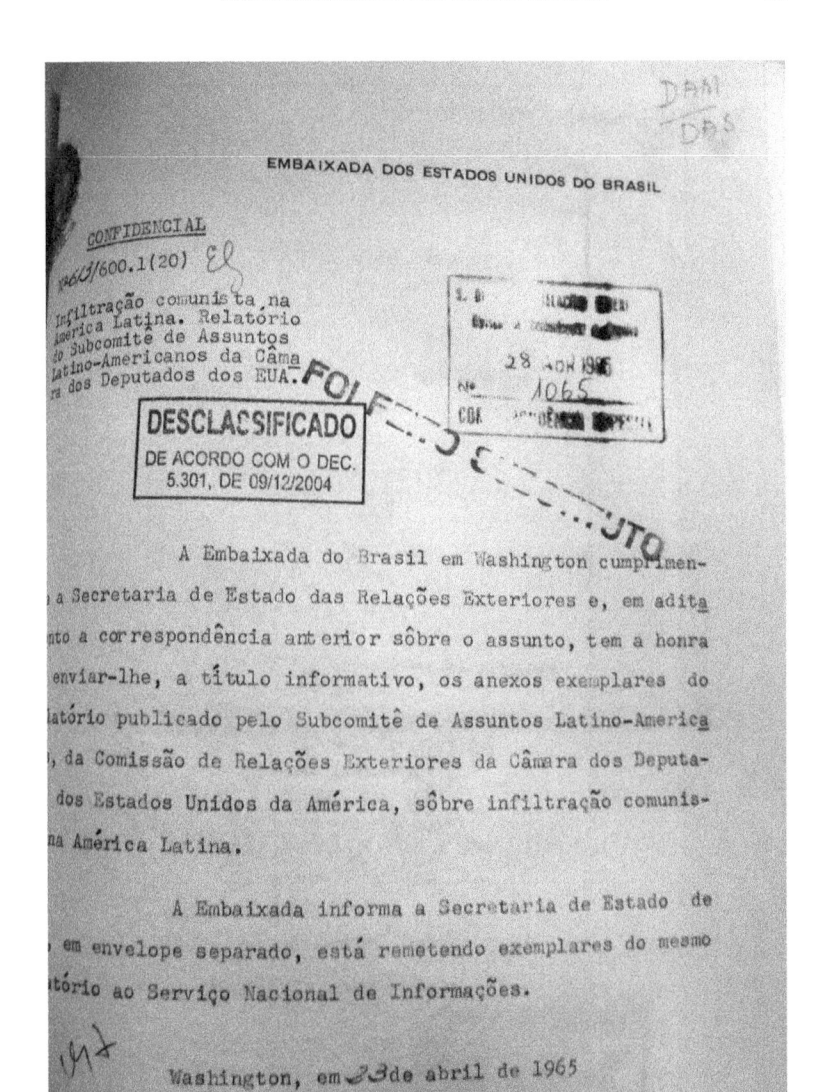

EMBAIXADA DOS ESTADOS UNIDOS DO BRASIL

CONFIDENCIAL
600.1(20)
Infiltração comunista na
América Latina. Relatório
do Subcomitê de Assuntos
Latino-Americanos da Câmara
dos Deputados dos EUA.

DESCLASSIFICADO
DE ACORDO COM O DEC.
5.301, DE 09/12/2004

28 ABR 1965
Nº 1065

A Embaixada do Brasil em Washington cumprimenta a Secretaria de Estado das Relações Exteriores e, em aditamento a correspondência anterior sôbre o assunto, tem a honra enviar-lhe, a título informativo, os anexos exemplares do relatório publicado pelo Subcomitê de Assuntos Latino-Americanos, da Comissão de Relações Exteriores da Câmara dos Deputados Estados Unidos da América, sôbre infiltração comunista na América Latina.

A Embaixada informa a Secretaria de Estado de que em envelope separado, está remetendo exemplares do mesmo relatório ao Serviço Nacional de Informações.

Washington, em 23 de abril de 1965

Documento nº 5. *Correspondência confidencial da Embaixada em Washington remetendo um relatório do Subcomitê de Assuntos Latinoamericanos da Câmara dos Deputados dos EUA sobre a infiltração comunista na América Latina.*

COMMUNISM IN LATIN AMERICA

REPORT

BY

Hon. ARMISTEAD I. SELDEN, Jr., Ala., *Chairman*
Hon. BARRATT O'HARA, Ill.
Hon. DANTE B. FASCELL, Fla.
Hon. OMAR BURLESON, Tex.
Hon. LINDLEY BECKWORTH, Tex.
Hon. RONALD BROOKS CAMERON, Calif.
Hon. JOHN S. MONAGAN, Conn.
Hon. EDWARD R. ROYBAL, Calif.
Hon. ROY H. MCVICKER, Colo.
Hon. WILLIAM S. MAILLIARD, Calif.
Hon. J. IRVING WHALLEY, Pa.
Hon. H. R. GROSS, Iowa
Hon. F. BRADFORD MORSE, Mass.

OF THE

SUBCOMMITTEE ON INTER-AMERICAN AFFAIRS

OF THE

COMMITTEE ON FOREIGN AFFAIRS
HOUSE OF REPRESENTATIVES

SUBMITTED PURSUANT TO

H. Res. 84

A RESOLUTION AUTHORIZING THE COMMITTEE ON FOREIGN AFFAIRS TO CONDUCT THOROUGH STUDIES AND INVESTIGATIONS OF ALL MATTERS COMING WITHIN THE JURISDICTION OF THE COMMITTEE

APRIL 14, 1965

Printed for the use of the Committee on Foreign Affairs

U.S. GOVERNMENT PRINTING OFFICE
WASHINGTON : 1965

Documento nº 5.

REDIRECIONAMENTO DA POLÍTICA EXTERNA 213

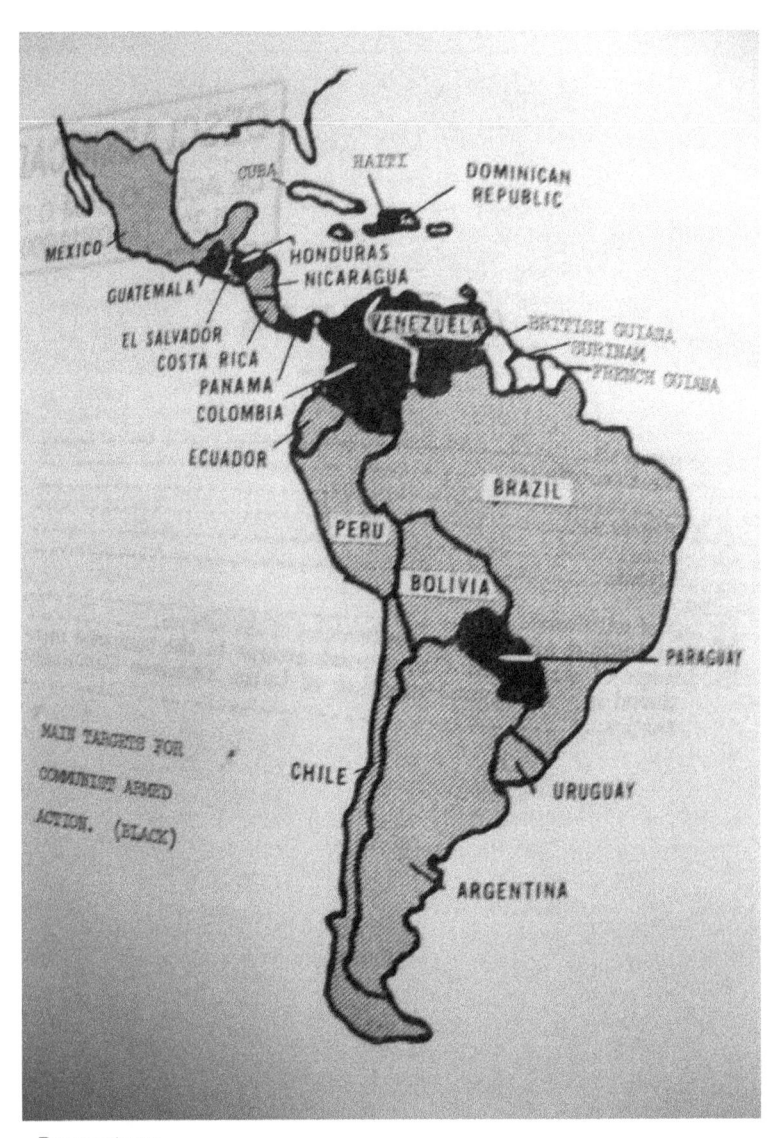

Documento nº 5.

COMMUNISM IN LATIN AMERICA

The Subcommittee on Inter-American Affairs began a series of hearings on February 9, 1965, to determine the present nature and extent of Communist subversive tactics in Latin America, to assess the danger of this threat to hemispheric solidarity, and to ascertain what steps are being taken to stamp out the subversive efforts.

The witnesses that appeared were among the most knowledgeable on the subject.[1] In view of the sensitivity of much of the testimony and the need to respect our national security interest, the hearings were held in closed sessions. As much of the testimony as possible is being printed so that the public may be made aware of how U.S. officials in positions of responsibility feel about the Communist threat in Latin America.

Two years ago the subcommittee held hearings of a similar nature aimed at gathering information concerning Communist use of Cuba as an island base for subversive aggression in the Americas. The recommendations contained in the committee's report[2] emanating from those hearings have since been adopted in part.

The threat of subversion, while perhaps not as great at the moment as it was 2 years ago, continues to be a serious menace to hemispheric security. And there are signs that a new offensive may be commencing.

COMMUNIST REVERSALS

The Communists in Latin America have experienced several serious reversals in the past 18 months. The Organization of American States (OAS) took significant action at the Ninth Meeting of Consultation of Ministers of Foreign Affairs last July. Its decision that member nations sever diplomatic or consular relations with Cuba; suspend all direct and indirect trade with Cuba, except foodstuffs and medicines sent there for humanitarian purposes; and suspend all sea transport with Cuba except that of a humanitarian nature, has contributed substantially to the political and economic isolation of the Castro regime. All but one of the American Republics have complied with the OAS decision—Mexico being the single exception.

This action has a direct bearing on reducing the movement of subversives, the transfer and distribution of funds to finance subversive and insurgent actions, as well as in restricting the dissemination of propaganda, all of which were facilitated by the maintenance of Cuban diplomatic missions in the Latin American countries.

[1] See app. I for list of witnesses, p. 15.
[2] H. Rept. 195, 88th Cong., 1st sess.

Documento nº 5.

FINDINGS

I

The United States has yet to develop an adequate ideological offensive as convincing evidence to all Latin Americans that our way of life is worthy of emulation.

On the other hand, the subcommittee received much testimony regarding the standard pattern of Communist professionals—boring into the communications media, the educational system, the labor unions, the courts.

II

The ultimate answer to the Communist menace in Latin America lies in the solution of major economic and social problems and the evolvement of stable, democratic regimes. In the interim period before these goals can be attained, the security forces of individual countries will remain the major obstacle to Communist seizures of power.

The prospects for an increased, rather than lessened, threat of armed insurgency and violence stresses the importance of the role of Latin American security forces in the foreseeable future.

III

The widespread social, economic, and political problems of Latin America, are seriously compounded by its population growth, the largest in the world.

The population of all Latin America is growing at a rate of almost 3 percent a year. The present 225 million population will reach 600 million by the turn of the century. This veritable explosion will provide a fertile area for the growth of communism, unless action is taken to meet these growing pressures.

The subcommittee notes that the pressure of rapidly growing populations on available resources is no longer being ignored. The awareness of this problem is more encouraging in Latin America than in other areas, since more and more groups of Latin American societies, including religious leaders, are beginning to talk more frankly about the problem.

IV

In Latin American countries which depend on one or two major commodities for their export earnings and their foreign exchange, the stabilization of prices is important to the economy, and hence, to successful efforts to combat communism.

Documento nº 5.

COMMUNISM IN LATIN AMERICA

Cuba might well be brought to its knees by the sugar economy. Conversely, stabilization of prices of basic commodities in countries other than Cuba low and unstable prices over a period of years. would have a significant effect both economically and psychologically.

V

Several major deficiencies continue to limit Latin American counter-insurgency capabilities. The means of combating the subversive tactics of the Communist professional require considerable improvement.

Weaknesses include limited training in this type of operation, poor logistical support systems for sustained and widely deployed actions, poor communications, a lack of air and ground mobility, and a diversity of obsolescent equipment. For example, all-out terrorist drives in Venezuela in 1963 were aided by the fact that five separate policing forces shared jurisdictions within the capital city. With U.S. assistance, a joint operations center was established and police capabilities have since improved considerably.

Another limiting factor is the universally short term of service for conscripts. The mass of enlisted men in some countries serve only 6 or 8 months, allowing little time for acquiring professional military skills. Because of the frequent early discharge of the conscripts, the armed forces may be at only half strength for several months each year.

VI

While the problem of training of subversives by Cuba has so far been confined to Latin American countries, a distinct possibility exists for an increase in Cuban training of Africans for subversive purposes.

It could manifest itself in a variety of ways, including, for example:
(1) An increase in travel by Africans to Cuba for political indoctrination and for training in guerrilla and subversive activity;
(2) An increase in Cuban propaganda directed toward Africa; and
(3) An effort to expand Cuban diplomatic representation in Africa.

The possibility also of Cuban arms and funds being sent to Africa cannot be excluded.

VII

The Soviet Union, rather than Communist China, still supports Cuba—economically, politically, and militarily.

Without its direct financial support in the form of hundreds of millions of dollars annually, Cuba's economy would be flattened. Also, Cuba is dependent on the Soviet Union and its satellites for its military equipment and spare parts. There is nothing to suggest that these contributions will diminish materially in the foreseeable future. Politically, Cuba continues to be influenced by the Soviet brand of communism. Militarily, Soviet advisers in Cuba constitute a substantial degree of Soviet influence and the ability to exert leverage. To allow Cuba's collapse would substantially diminish Communist influence throughout Latin America.

Documento nº 5.

COMMUNISM IN LATIN AMERICA 11

VIII

The Communist program for the subversion of Latin America, directed and financed through Castro's Cuba, with specific countries as principal target areas, continues to be a direct and serious threat to the solidarity of the Western Hemisphere.

It is apparent that neither the United States nor our colleagues in the OAS can afford to become complacent or avoid making a still greater effort to meet the increasing danger. Regrouping of Communist forces is taking place in all of the Communist and Communist-affiliated parties in the hemisphere and new evidences of activity are visible almost daily.

IX

Despite efforts on the part of the executive branch to discourage trade with Cuba by our allies and by countries of the free world, there is substantial evidence that such commerce continues.

Free world flag vessels arriving in Cuba since January 1, 1963, numbered 214, with a gross tonnage capacity of 1.5 million tons. Since the first of the year (through March 1965) 39 free world flag vessels arrived in Cuban ports.

DESCLASSIFICADO
DE ACORDO COM O DEC.
5.301, DE 09/12/2004

Documento nº 5.

> **EMBAIXADA DO BRASIL**
> **EM WASHINGTON**
>
> PEXT-L00-614
>
> CONFIDENCIAL
>
> PARA: SECRETARIA DE ESTADO
>
> DCS/
>
> INDICE: "Los Angeles World Affairs Council. Convite ao Senhor Presidente da República."
>
> **DESCLASSIFICADO**
> DE ACORDO COM O DEC.
> 5.301, DE 09/12/2004
>
> Referência ao Despacho-Telegráfico 826. Encaminho, em anexo, correspondência endereçada ao Senhor Presidente da República pelo Presidente do "Los Angeles World Affairs Council", Senhor J. Curtis Mack,II, na qual reitera os termos do convite formulado a Sua Excelência para proferir conferência naquela organização. Recordo que, conforme informei pelo telegrama 1394, aceitei o convite, em nome do Senhor Presidente da República, deixando em aberto a identificação de data conveniente.
>
> MARCÍLIO MARQUES MOREIRA
> Embaixador

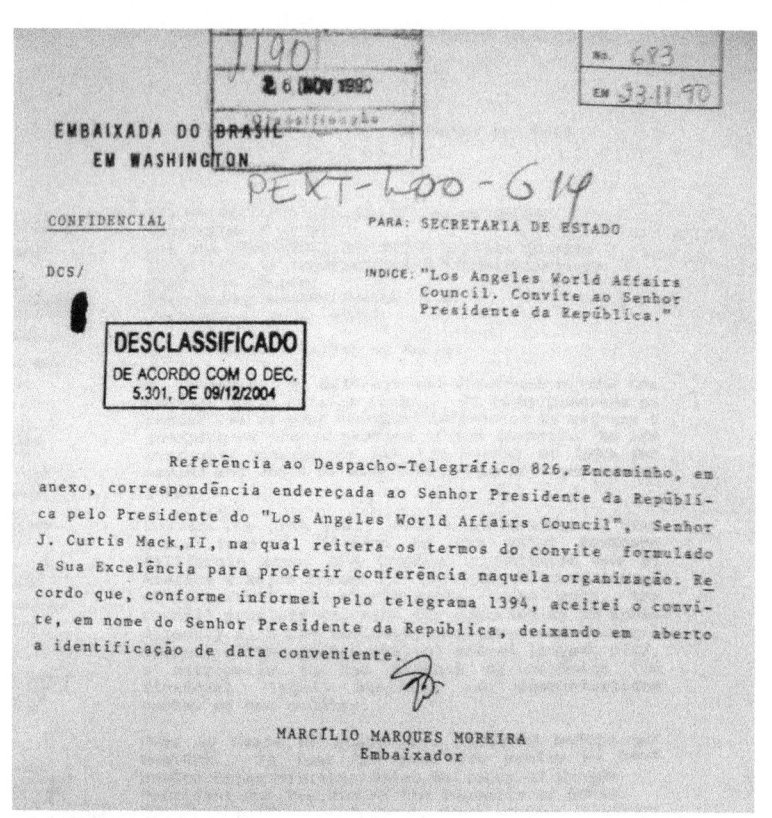

Documento nº 6. *Correspondência confidencial do embaixador nos Estados Unidos, Marcílio Marques Moreira, tratando do convite do Los Angeles World Affairs Council ao presidente Fernando Collor para proferir conferência naquela organização.*

AMERICAS SOCIETY INC.

680 PARK AVENUE, NEW YORK, NEW YORK 10021   212 249-8950

AMB. GEORGE W. LANDAU
PRESIDENT

March 14, 1991

His Excellency Fernando Collor de Mello
President
Republic of Brazil
Brasilia, Brazil

DESCLASSIFICADO
DE ACORDO COM O DEC.
5.301, DE 09/12/2054

Dear President Collor:

On behalf of the Americas Society and the Council of the Americas we would like to invite you to speak to our organizations either before or after your state visit to the United States in June. As you will recall, last year we had two very successful meetings with you on January 25 and September 25. I believe the format was excellently suited to your desires and included a luncheon, co-sponsored with the Brazilian-American Chamber of Commerce, where you addressed the guests which usually number some 500 persons.

Preceding the luncheon we would again host a private business meeting with about 40 senior executives of U.S. firms interested in Brazil. Your frank and insightful remarks during the last two meetings were extremely well received and in my view helped greatly to strengthen the faith of present and potential investors in the future of the Brazilian economy.

The new President of the Brazilian-American Chamber, Mr. Celso V. Barison, is delighted to join me in this invitation. Our Chairman, David Rockefeller, who is presently out of the country, will of course be present at the event.

Sincerely,

George W. Landau

Documento nº 7. Convite do Americas Society e Council of Americas para o presidente participar de evento realizado pelas instituições com a presença de 40 chefes-executivos de firmas estadunidenses interessadas em investir no Brasil.

EMBAIXADA DO BRASIL
EM WASHINGTON GVIO-LPP-G

₰ 8 MAR 1991

No. 158
EM 08.03.91

CONFIDENCIAL

DIV/DCS

PARA: SECRETARIA DE ESTADO

INDICE: EUA. Visita do Senhor Presidente da República. Programação em Washington. Convite do The Washington Institute of Foreign Affairs.

DESCLASSIFICADO
DE ACORDO COM O DEC.
5.301, DE 09/12/2004

Encaminho, em anexo, cópia de correspondênaia a mim dirigida pelo Senhor Charles W. Whalen, Vice-Presidente do The Washington Institute of Foreign Affairs, com a qual me foi dado a conhecer teor de carta endereçada ao Senhor Presidente da República, em 28 de fevereiro último, convidando Sua Excelência a ser o orador de evento, em sua homenagem, que a referida entidade desejaria organizar nesta Capital, por ocasião da visita presidencial. O Senhor Whalen refere-se, equivocadamente, a visita que teria lugar em maio.

2.   O The Washington Institute of Foreign Affairs é entidade privada mantida por seus membros para fomentar a discussão de temas de política externa e para propiciar a policy makers e a dignatários estrangeiros foro apropriado para exposição de idéias a audiência composta por profissionais e ex-profissionais vinculados às relações internacionais.

3.   Responderei interlocutoriamente ao interessado.

MARCÍLIO MARQUES MOREIRA
Embaixador

Documento nº 8. Correspondência confidencial enviada por Marcílio Moreira, tratando do convite do Washington Institute of Foreign Affairs para Collor ser orador de evento realizado em sua homenagem.

CONFIDENCIAL

PARA: SECRETARIA DE ESTADO

DCS/

INDICE: EUA. Universidade de Yale. Convite ao Senhor Presidente da República.

DESCLASSIFICADO
DE ACORDO COM O DEC.
5.301, DE 09/12/2004

O Chubb Fellowship Program, do Timothy Dwight College, da Universidade de Yale, encaminhou-me cópia de correspondência dirigida ao Senhor Presidente da República, em 19 de abril último, na qual o Diretor Robert Farris Thompson formula ao Senhor Presidente da República convite para visitar a instituição, na qualidade de Chubb Fellow, por ocasião de viagem a este país.

2.   O Professor Farris Thompson informa, em sua carta, que o título honorífico de Chubb Fellow constitui o mais elevado da Universidade de Yale, e que já galardoou, desde sua criação na década de 1930, personalidades tais como os ex-Presidentes norte-americanos Truman, Ford, Carter e Reagan, o Presidente George Bush, que aliás foi aluno da Universidade, o Presidente Mario Soares, o ex-Presidente Raul Alfonsin, da Argentina, e os então Primeiro-Ministros Clement Atlee e Edward Heath, da Grã-Bretanha.

3.   O convite de que ora se trata é iniciativa conjunta de professores e alunos do Timothy Dwight College da Universidade de Yale, uma das mais prestigiosas e tradicionais institui-

ANEXOS:

JCFJ/lmv

Documento nº 9. Convite da Universidade de Yale para o presidente Collor visitar a instituição na qualidade de Chubb Fellow, título honorífico mais elevado da universidade.

Emb. em Washington/Ofício nº   /1990/pág.2

instituições acadêmicas deste país.

4.   O convite é honroso e, quero crer, poderá representar, oportunamente, interessante alternativa a ser examinada em contexto de eventual viagem do Presidente Fernando Collor a este país, uma vez que possibilitaria relevante contato com o mundo acadêmico norte-americano, por meio de uma de suas mais respeitadas instituições.

5.   Submeto, portanto, o assunto à consideração de Vossa Excelência. Segue, em anexo, cópia da referida correspondência.

MARCILIO MARQUES MOREIRA
Embaixador

DESCLASSIFICADO
DE ACORDO COM O DEC.
5.301, DE 09/12/2004

Documento nº 9.

| MRE - DAR - SCE |
| Entrada 2067 | Distribuição |
| 18 DEZ 1991 |
| Classificação |
| ETEC - L00 - G14 |

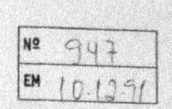

Nº 947
EM 10.12.91

EMBAIXADA DO BRASIL
EM WASHINGTON

DESCLASSIFICADO
DE ACORDO COM O DEC.
5.301, DE 09/12/2004

XCOI L00 G14
CONFIDENCIAL
DCIA/DCTEC/DNU/SINEX/DCS   PARA   :SECRETARIA DE ESTADO

                           ÍNDICE   :Brasil-EUA. Acesso a Tecnologia
                                      Avançada. Missão de Alto
                                      Nível. Agenda.

Com referência ao despacho-telegráfico nº 1841, de 27 de novembro último, e às demais comunicações sobre o assunto, encaminho, em anexo, a agenda das reuniões da Missão de Alto Nível sobre acesso a tecnologia avançada, realizadas em Washington, de 2 a 3 de dezembro corrente.

Sérgio Silva do Amaral
Encarregado de Negócios a.i.

CLRRM
ANEXOS: 01

Documento nº 10. Agenda das reuniões da Missão de Alto Nível sobre o acesso a tecnologias avançadas realizadas em dezembro de 1991.

> DESCLASSIFICADO
> DE ACORDO COM O DEC
> 5.301, DE 09/12/2004

A PROPOSED AGENDA FOR STRATEGIC TRADE TALKS WITH BRAZIL

DECEMBER 2-3, 1991

DECEMBER 2, 1991

- 9:00   Opening Remarks : Under Secretary for International Security Affairs REGINALD BARTHOLOMEW
- 9:30   Response by Brazilian Deputy Foreign Minister MARCOS AZAMBUJA
- 10:00   Working Sessions : Chaired by Deputy Assistant Secretary for South America J. PHILLIP McLEAN

    NUCLEAR SAFEGUARDS (BR) : Chaired by OES Office Director for Non-Proliferation and Export Policy FRED McGOLDRICK and MICHAEL ROSENTHAL, Director for International Affairs (ACDA)

- 11:00   INFORMATICS AND INTELLECTUAL PROPERTY RIGHTS (BR) : Chaired by representatives from Commerce, USTR and Economic Section, to be confirmed
- 12:00   Lunch in honor of the Brazilian Delegation hosted by Ambassador REGINALD BARTHOLOMEW
(Henry Clay Room - 8th floor)
- 13:30   MTCR (US) : Chaired by DAS for Political-Military Affairs ELIZABETH VERVILLE
- 15:30   ARMS CONTROL (US) : Chaired by ACDA Deputy Assistant Director for Non-Proliferation Vincent Decain

DECEMBER 3

- 9:00   STRATEGIC TRADE MOU (BR) : Chaired by Deputy Assistant Secretary for Economic and Business Affairs CHRISTOPHER HANKIN
- 10:30   CBW (US) : Chaired by DAS for PM ELIZABETH VERVILLE and ACDA DAD for Non-Proliferation Policy VINCENT DECAIN
- 12:00   Closing remarks by GOB Deputy Foreign Minister AZAMBUJA
- 12:30   Closing remarks by U/S for ISA BARTHOLOMEW
- 13:00   Lunch in honor of US delegation

Documento nº 10.

**EMBAIXADA DO BRASIL
EM WASHINGTON**

04 DEZ 1991

Nº 914
EM 25.11.91

DESCLASSIFICADO
DE ACORDO COM O DEC.
5.301, DE 09/12/2004

CONFIDENCIAL
LOO G14
DCIA/DCTEC/DCS

PARA :SECRETARIA DE ESTADO

ÍNDICE :Brasil-EUA. Alta Tecnologia. Aquisição de Supercomputador pela UFRGS. Plano de segurança.

Em aditamento ao telegrama nº 2315, de 20 de novembro corrente, encaminho, em anexo, cópia do plano de segurança submetido ao Departamento de Comércio pela empresa "Cray Research, Inc." como parte do processo de pedido de licença para exportação de um supercomputador modelo YMP2E/232, de 1125 CTP, a ser adquirido pela Universidade Federal do Rio Grande do Sul.

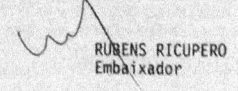

RUBENS RICUPERO
Embaixador

CLRRM
ANEXOS:01

Documento nº 10.

> **DESCLASSIFICADO**
> DE ACORDO COM O DEC.
> 5.301, DE 09/12/2004

```
ZCZC
DE BRASEMB WASHINGTON PARA EXTERIORES EM 21/11/90 (DNS)

CONF DCA/DCI/DCTEC/DMAE/DCS ALTA TECNOLOGIA. 2A PARTE DO TEL 2363

PROJETO VETADO. DENTRE AS MAIS SIGNIFICATIVAS SOBRESSAEM AS SEGUIN
TES:
A) O PROCESSO DE CONCESSAO DE LICENCAS PARA PRODUTOS SUJEITOS A
'COCOM FAVORABLE CONSIDERATION AND NATIONAL DISCRETION PROCEDURES'
SERA REDUZIDO DE 30 PARA 15 DIAS B) NOVOS PROCEDIMENTOS INTERMINIS
TERIAIS SERAO INSTITUIDOS DE MODO A TORNAR MAIS PREVISIVEL O PROCES
SO DE LICENCIAMENTO DE 'DUAL-USE ITEMS' C) O SECRETARIO DE ESTADO
DEVERA INICIAR NEGOCIACOES PARA ASSEGURAR O EXERCICIO MULTILATERAL
DOS CONTROLES AA EXPORTACAO DE SUPERCOMPUTADORES, 'SO THAT THEY ARE
NOT UNDERMINED BY THE POLICIES OF OTHER SUPPLIER COUNTRIES'.
4.           O CONGRESSO DISPOE, AGORA, DE UM PERIODO DE 12 MESES PA
RA REAPRESENTAR PROJETO DE LEI CONDUCENTE AA REAUTORIZACAO DO EAA
NESTE INTERREGNO, A POLITICA NORTE-AMERICANA DE CONTROLE DE EXPORTA
CAO VOLTA AO 'STATU QUO ANTE'. ESPERA-SE, NO ENTANTO, QUE, TAO LOGO
SEJAM RETOMADAS AS ATIVIDADES LEGISLATIVAS NESTE PAIS (3 DE JANEIRO
DE 1991), NOVO PROJETO DE LEI EMANE DO CONGRESSO. SEGUIREI INFORMAN
DO.

MARCILIO

NNNN
```

Documento nº 11. *Correspondência confidencial enviada pela Embaixada em Washington sobre desdobramentos políticos internos nos Estados Unidos em relação à disputa entre Congresso e Executivo para decidir nos temas de transferência de tecnologia avançada em armas químicas e biológicas.*

```
DESCLASSIFICADO
DE ACORDO COM O DEC.
5.301, DE 09/12/2004
```

ZCZC
DE BRASEMB WASHINGTON PARA EXTERIORES EM 21/11/90 (DMS)
CONFIDENCIAL
DCA/DCI/DCTEC/DMAE/DCS
ALTA TECNOLOGIA. EXPORT ADMINISTRATION ACT.
VETO PRESIDENCIAL.

2363 41930 - ADITELS 2264 E 2323. CONFORME ESPERADO, O PRESIDENTE
BUSH VETOU A LEGISLACAO QUE REAUTORIZARIA O 'EXPORT ADMINISTRATION
ACT'. O PROJETO DE LEI, QUE ENTRE OUTROS OBJETIVOS, VISAVA A LIMI
TAR A VENDA DE TECNOLOGIA ESTRATEGICA E DE APLICACAO NOS CAMPOS NU
CLEAR, QUIMICO, BIOLOGICO E DE MISSEIS, FOI REJEITADO PELO EXECUTI
VO SOB A ALEGACAO DE QUE 'IT WOULD SEVERELY CONSTRAIN PRESIDENTIAL
AUTHORITY IN CARRYING OUT FOREIGN POLICY'. EM CARTA DIRIGIDA AO
'SPEAKER OF THE HOUSE', O PRESIDENTE BUSH ARGUMENTA QUE, NA SUA PER
CEPCAO, A MAIOR FALHA DO PROJETO RESIDIRIA NA RIGIDEZ REQUIRIDA PARA
A APLICACAO DE SANCOES A EMPRESAS ESTRANGEIRAS QUE SE ENVOLVAM EM
PRATICAS DE DISSEMINACAO DE ARMAS QUIMICAS, COMO, POR EXEMPLO, O IN
DEFERIMENTO, POR PERIODO DE UM ANO, DE PARTICIPACAO EM OPERACOES CO
MERCIAIS NO MERCADO NORTE-AMERICANO: ''SUCH A UNILATERAL STEP WOULD
HARM U.S. ECONOMIC INTERESTS AND PROVOKE FRIENDLY COUNTRIES WHO ARE
ESSENTIAL TO OUR EFFORTS TO RESIST IRAQ'.
2.   AO VETAR A LEGISLACAO EM APRECO, O PRESIDENTE NORTE-AME
RICANO INVOCOU O 'INTERNATIONAL EMERGENCY ECONOMIC POWERS ACT' E AS
SINOU UMA 'EXECUTIVE ORDER', PELA QUAL ESTABELECE OS PARAMETROS PARA
O TRATAMENTO DO TEMA RELATIVO AA PROLIFERACAO DE TECNOLOGIA DE ARMAS
QUIMICAS E BIOLOGICAS. NESSE SENTIDO, AUTORIZOU O SECRETARIO DE ESTA
DO A IMPOR SANCOES A EMPRESAS E CIDADAOS ESTRANGEIROS 'THAT KNOWING
LY AND MATERIALLY CONTRIBUTE TO CHEMICAL AND BIOLOGICAL WEAPONS PRO
LIFERATION, FOR AS LONG AS SUCH ACTIVITIES CONTINUE'. AO CONTRARIO
DO PROJETO EMANADO NO CONGRESSO, A ORDEM PRESIDENCIAL CONTEMPLA, NO
ENTANTO, AMPLO PODER DISCRICIONARIO PARA APLICACAO DE SANCOES NO CAM
PO DE POLITICA EXTERNA E DE SEGURANCA NACIONAL.
3.   RECONHECENDO QUE A INICIATIVA DO CONGRESSO POSSUI CARAC
TERISTICAS QUE DEVEM SER APROVEITADAS, BUSH DETERMINOU AOS ORGAOS
COMPETENTES EM MATERIA DE CONTROLE DE EXPORTACAO A EXECUCAO, ATE 1
DE JANEIRO DE 1991, DE ALGUMAS DAS MEDIDAS PREVISTAS NO PROJETO VE

CONTINUA

NNNN

Documento nº 11.

Referências bibliográficas

ALLISON, Graham T. Essence of Decision: Explaining the Cuban Missile Crisis. Little, Brown, 1971

ALMEIDA, M. H. T.; MOYA, M. A Reforma Negociada: O Congresso e A Política de Privatização. *Revista Brasileira de Ciências Sociais.* São Paulo – ANPOCS, vol. 12, nº 34, p. 119-132, 1997.

ALMEIDA, Paulo Roberto. *Do alinhamento recalcitrante à colaboração relutante:* o Itamaraty em tempos de AI-5. Rio de Janeiro: Ed. PUC-Rio, Contraponto, p. 65-89, 2008.

ALVAREZ, Mike; CHEIBUB, José Antonio; LIMONGI, Fernando; PRZEWORSKI, Adam. ACLP *Political and Economic Database*, 2003. Disponível em: <http://www.nd.edu/~apsacp/data.html>. Acesso em: novembro de 2011.

AMORIM, Celso Luiz Nunes. *Celso Amorim (depoimento, 1997).* Rio de Janeiro, CPDOC, 2003.

ARBILLA, J. M. Arranjos Institucionais e Mudança Conceitual nas Políticas Externas Argentina e Brasileira. *Contexto Internacional.* Rio de Janeiro, vol. 22, nº 2, p. 337-385, julho/dezembro 2000.

ARMIJO, Leslie Elliot and FAUCHER, Philippe. "We Have a Consensus": explaining political support for market reforms in Latin America. *Latin American Politics and Society*, vol. 44, nº 2, p. 1-40, 2002.

ATAMAN, Muhittin. Restructuring economic foreign policy during the Ozalist Turkey. *Alternatives*: Turkish Journal of International Relations, vol. 1, nº 1, p. 953-977, Spring 2002.

AYERBE. Luis Fernando. *A Hegemonia dos Estados Unidos e a trajetória do Desenvolvimento Latino-americano:* aspectos políticos e econômicos. 1945-1990. Tese (doutorado). FFLCH, Universidade de São Paulo, São Paulo, 1992.

_____. *Estados Unidos e América Latina: a construção da hegemonia.* São Paulo: Editora Unesp, 2002.

AZAMBUJA, Marcos Castrioto de. A Política Externa do Governo Collor. *Estudos Avançados.* São Paulo: Coleção Documentos, Série Assuntos Internacionais, nº 13, 1991.

BANDEIRA, Moniz. *Brasil – Estados Unidos*: a rivalidade emergente (1950-1988). Rio de Janeiro: Civilização Brasileira, 1989.

BATISTA, Paulo N. A política externa de Collor: modernização ou retrocesso? Política Externa, vol. 1, nº 4, março 1993.

_____. O Consenso de Washington: a visão neoliberal dos problemas latino-americanos. *Caderno Dívida Externa*, nº6, 1994.

BENDOR, Jonathan; HAMMOND, Thomas. Rethinking Allison's Models. *The American Political Science Review*, vol. 86, nº 2, p. 301-322, jun. 1992

BRANCO, Carlos Castello. *Os Militares no Poder.* Rio de Janeiro: Nova Fronteira, 1977.

CARLSNAES, Walter. Actors, structures, and foreign policy analysis. In: SMITH, S.; HADFIELD, A.; DUNNE, T. *Foreign Policy:* Theories, Actors, Cases. Nova York: Oxford University Press, 2008.

_____. On Analysing the Dynamics of Foreign Policy Change: a critique and reconceptualization. *Cooperation and Conflict*, vol. 28, nº 1, p. 5-30, March 1993.

CASARÕES, Guilherme Stolle Paixão e. *As Três Camadas da Política Externa do Governo Collor:* poder, legitimidade e dissonância. Dissertação (mestrado) IFCH, Unicamp, Campinas, 2011.

_____. *Abertura Econômica, Democracia e Modernização:* a política externa do Governo Collor revisitada. Paper apresentado no 35º Encontro Anual da ANPOCS, Caxambu, 2011

CASTELLO BRANCO, Humberto de. *Discursos*. Secretaria de Imprensa, 1964.

CASTRO, Flávio Mendes de Oliveira. *História da Organização do Ministério das Relações Exteriores*. Brasília: Editora UnB, 1983.

CERQUEIRA, Ceres Aires. *Dívida Externa Brasileira*. Processo Negocial: 1983-1966. Brasília: Banco Central do Brasil, 1997.

CERVO, Amado Luiz. Política de Comércio e Desenvolvimento: a experiência brasileira. *Revista Brasileira de Política Internacional*, vol. 40, nº 2, p. 5-26, 1997.

_____. *Relações Internacionais da América Latina:* velhos e novos paradigmas. Brasília: IBRI, 2001.

CERVO, Amado. L., BUENO, Clodoaldo. *História da Política Exterior do Brasil*. Brasília: Editora Universidade de Brasília, 2002.

CHEIBUB, Zairo B. *Diplomacia e construção institucional:* o Itamaraty em uma perspectiva histórica. Dados, Rio de Janeiro, vol. 28, nº 1, 1985.

CLEMENS, Elisabeth; cook, James M. Politics and Institutionalism: explaining durability and change. *Annual Review of Sociology*, vol. 25, p. 441-466, 1999.

COLLOR, Fernando. *O Projeto de Reconstrução Nacional*. Brasília: Biblioteca da Presidência da República, 1990.

COX, Robert W. Gramsci, *Hegemony and International Relations*: An Essay in Method. Millennium – Journal of International Studies, vol. 12, nº 2, p. 162-175, 1983.

CRUZ, A.; CAVALCANTE, A. R. F.; PEDONE, L. *Brazil's Foreign Policy under Collor*. Journal of Interamerican Studies & World Affairs, vol. 35, nº 1, 1993

CRUZ, Eduardo Lucas de V. *A Política Externa Brasileira no período 1964-1979:* o papel do Itamaraty, das Forças Armadas e do Ministério da Fazenda. Dissertação (mestrado), Faculdade de História, Direito e Serviço Social, Unesp, Franca, 2009.

CUNHA. Vasco Leitão da. *Diplomacia em Alto-mar*: depoimento ao CPDOC. Rio de Janeiro: Editora FGV, 1994.

DANESE, S. *Diplomacia Presidencial:* história e crítica. Rio de Janeiro: Topbooks, 1999.

DIXON, Willian J.; GAARNER, Stephen M. Explaining Foreign Policy Continuity and Change: U.S. Dyadic Relations with the Soviet Union, 1948-1988. In: ROSATI, J. A.; SAMPSON, M. W.; HAGAN, J. D. *Foreign Policy Restructuring*. How governments respond to Global Change. Columbia: University of South Carolina Press, 1994.

DREIFUSS, R. A. *1964: A conquista do Estado*: ação política, poder e golpe de classe. Rio de Janeiro: Vozes, 1981.

DREZNER, Daniel W. Ideas, Bureaucratic Politics, and the Crafting of Foreign Policy. *American Journal of Political Science*, vol. 44, nº 4, p. 733-749, Oct. 2000.

DULLES, John W. F. *CastelloBranco, o presidentereformador*. Brasília: Ed. UNB, 1983.

EIDENFALK, Joakim. *Towards a New Model of Foreign Policy Change*. University of Newcastle: Refereed paper presented to the Australasian Political Studies Association, September 2006.

EVANS, Peter B.; JACOBSON, Harold K.; PUTNAM, Robert D. (eds.) *Double-Edged Diplomacy:* International Bargaining and Domestic Politics. Berkeley and Los Angeles: University of California Press, 1993.

FARIA, C. A. P. de. Opinião Pública e Política Externa: insulamento, politização e reforma na produção de política exterior do Brasil. *Revista Brasileira de Política Internacional,* Brasília, vol. 51, nº 2, julho-dezembro, 2008.

FARNHAM, Barbara. Impact of the Political Context on Foreign Policy Decision-Making. *Political Psychology*, vol. 25, nº 3, Special Issue (Part Two): Prospect Theory, p. 441-463, June 2004.

FIGUEIRA, Ariane C. R. *Processo Decisório em Política Externa no Brasil*. 2009. Tese (doutorado) –Departamento de Ciência Política, Universidade de São Paulo, São Paulo, 2009.

FOLHA DE SÃO PAULO, São Paulo, anos 1964-1967, 1990-1992.

GEORGE, Alexander. The President and the Management of Foreign Policy: styles and models. In: KEGLEY JR., Charles W.; WITTKOPT, Eugene, R (eds.). *The Domestic Source of American Foreign Policy* – insights and evidence. Nova York: St. Martin's Press, 1988, p. 107-126.

GEORGESCU, Alina-Alex. Romanian Foreign Policy Change: from isolation to dependence (1989-1994). *University of Limerick:* Research student conference on European foreign policy, July 2004.

GLEDITSCH, K. K. S. e WARD, M. D. Diffusion and the International Context of Democratization. *International Organization,* vol. 60, n° 4, p. 911-933, 2006.

GOLDMANN, Kjell. Change and Stability in Foreign Policy: Detente as a Problem of Stabilization. *World Politics,* vol. 34, n° 2, p. 230-266, Jan. 1982.

GUIMARÃES, Feliciano de Sá. *A Rodada Uruguai do GATT (1986-1994) e a Política Externa Brasileira:* acordos assimétricos, coerção e coalizões. Dissertação (mestrado). Programa de Pós-graduação San Tiago Dantas, Campinas, 2005.

GUSTAVSSON, Jakob. How Should We Study Foreign Policy Change? *Cooperation and Conflict,* vol. 34, n° 1, p. 73-95, March 1999.

_____. *The Politics of Foreign Policy Change:* explaining the Swedish reorientation on EC membership. Lund: Lund University Press, 1998.

HAGAN, Joe D. Domestic Political Regime Change and Foreign Policy Restructuring: a framework for comparative analysis. In: ROSATI, J. A.; SAMPSON, M. W.; HAGAN, J. D. In: *Foreign Policy Restructuring.* How governments respond to Global Change. Columbia: University of South Carolina Press, 1994.

_____. Domestic Political Regime Changes and Third World Voting Realignments in the United Nations, 1946-84. *International Organization,* vol. 43, n° 3, p. 505-541, Summer 1989.

HAGAN, Joe D.; ROSATI, Jerel A. Emerging Issues in Research on Foreign Policy Restructuring. In: ROSATI, J. A.; SAMPSON, M. W.; HAGAN, J.

D. *Foreign Policy Restructuring.* How governments respond to Global Change. Columbia: University of South Carolina Press, 1994.

HANEY, P. J. Structure and Process in the Analysis of Foreign Policy Crises. In: NEACK, L.; HEY, J. A. K.; HANEY, P. J. *Foreign Policy Analysis: Continuity and Change in its Second Generation.* Nova Jersey: Prentice-Hall, 1995.

HERMANN, Charles F. Judgments of Country Specialists about Foreign Policy Formulation: The Operation of Internal Decision Processes. In: HOPPLE, Gerald W.; KUHLMAN, James A (eds.) Expert-Generated Data: Applications in International Affairs. Boulder. Colombia: Westview, 1981.

_____. Epilogue: Reflections on Foreign Policy Theory Building". In: NEACK, L.; HEY, J. A. K.; HANEY, P. J. *Foreign Policy Analysis: Continuity and Change in its Second Generation.* Nova Jersey: Prentice-Hall, 1995.

_____. Changing Course: When Governments Choose to Redirect Foreign Policy. *International Studies Quaterly,* vol. 34, nº 1, p. 3-21, March 1990.

HERMANN, Margaret G.; HERMANN, Charles F. Who Makes Foreign Policy Decisions and How: an empirical inquiry. *International Studies Quarterly,* vol. 33, nº 4, p. 361-387, Dec. 1989.

HERMANN, Margaret. How Decision Units Shape Foreign Policy: A Theoretical Framework. *International Studies Review,* vol. 3, nº 2, Special Issue: Leaders, Groups, and Coalitions: Understanding the People and Processes in Foreign Policymaking, p. 47-81, Summer 2001.

HERMANN, Margaret G.; PRESTON, Thomas. Presidents, Advisers, and Foreign Policy: The Effect of Leadership Style on Executive Arrangements. *Political Psychology*, vol. 15, n° 1, Special Issue: Political Psychology and the Work of Alexander L. George, p. 75-96, March 1994.

HERMANN, M. G.; PRESTON, T.; KORANY, B.; SHAW, T. M. Who Leads Matters: The Effects of Powerful Individuals. *International Studies Review*, vol. 3, n° 2, p. 83-131, 2001.

HEY, J. A. K. Foreign Policy in Dependent States. In: NEACK, L.; HEY, J. A. K.; HANEY, P. J. *Foreign Policy Analysis:* Continuity and Change in its Second Generation. Nova Jersey: Prentice-Hall, 1995.

HILL, Christopher J. *The Changing Politics of Foreign Policy*. Nova York: Palgrave Macmillan, 2003.

HIRST, M. e PINHEIRO, L. A política externa do Brasil em dois tempos. *Revista Brasileira de Política Internacional*. Brasília, vol. 38, n° 1, p. 5-23, 1995.

HOLDEN, R. H. The Real Diplomacy of Violence: United States Military Power in Central America, 1950-1990. *The International History Review*, vol. 15, n° 2, p. 283-322, 1993.

HOLSTI, K. J. Reestructuring Foreign Policy: a neglected phenomenon in Foreign Policy. In: HOLSTI *et al.*, *Why Nations Realign*: Foreign Policy restructuring in the Postwar World. London: Allen &Unwin, p. 1-20, 1982.

HUDSON. Valerie. Foreign Policy Analysis: Actor-specific Theory and the Groud of International Relations. *Foreign Policy Analysis*, vol. 1, n° 1, p. 1-30, 2005.

_____. The History and Evolution of Foreign Policy Analysis. In: SMITH, S., HADFIELD, A. e DUNNE, T. *Foreign Policy*: Theories, Actors, Cases. Nova York: Oxford University Press, 2008.

HUNTINGTON, Samuel. A mudança nos interesses estratégicos americanos. *Política Externa*, vol. 1, nº 1, p. 16-30, jun. 1992.

HUXSOLL, David B. *Regimes, Institutions and Foreign Policy Change*. Tese (doutorado) – Department of Political Science, Louisiana State University, May 2003.

KEGLEY, Charles. Decision Regimes and the Comparative Study of Foreign Policy. In: HERMANN, C. F; KEGLEY. C. W.; E ROSENAU, J. *New Directions in the Study of Foreign Policy*. Boston: Allen and Unwin, 1987.

KELLERMAN, Barbara. Allison Redux: Three More Decision-Making Models. *Polity*, vol. 15, nº 3, p. 351-367, Spring 1983.

KLEISTRA, Yvonne; MAYER, Igor. Stability and Flux in Foreign Affairs: modeling policy and organizational change. *Cooperation and Conflict*, vol. 36, nº 4, p. 381-414, 2001.

LAFER, C.; FONSECA Jr., G. Questões para a diplomacia no Contexto Internacional das Polaridades Indefinidas (notas analíticas e algumas sugestões). In: FONSECA Júnior, Gelson; CASTRO, Sérgio Henrique Nabuco de (orgs.). *Temas de Política Externa Brasileira II*. Brasília/São Paulo: FUNAG/Paz e Terra, vol. 1, p. 49-77, 1994.

LAFER, Celso. A *Identidade Nacional do Brasil e a Política Externa Brasileira*: passado e presente. Editora Perspectiva: São Paulo, 2004.

_____. A Política Externa Brasileira no Governo Collor. *Política Externa*, vol. 1, nº 4, março 1993.

LAMARÃO, Alzira Alves de Abreu Sérgio (Org.). *Personalidades da Política Externa Brasileira*. FUNAG, MRE, CPDOC-FGV,2007

LAMOUNIER, Bolívar. 1993. A questão institucional brasileira. In: LAMOUNIER, Bolívar; NOHLEN, D. (orgs.). *Presidencialismo ou parlamentarismo:* perspectivas sobre a reorganização

LIMA, Maria Regina de S. Ejes analíticos y conflicto de paradigmas enla política exterior brasileña. *America Latina/Internacional*, vol. 1, n° 2, otoño-invierno 1994.

_____. Teses Equivocadas sobre a Ordem Mundial Pós-Guerra Fria. *Dados*. Rio de Janeiro, vol. 39, n° 3, 1996.

_____. "Instituições Democráticas e Política Exterior. *Contexto Internacional*. Rio de Janeiro, vol. 22, p. 265-303, 2000.

LIMONGI e FIGUEIREDO. Bases institucionais do presidencialismo de coalizão. *Lua Nova*, n° 44, 1998.

MAGALHÃES, Juracy. *Minha Experiência Diplomática*. Rio de Janeiro: José Olympio Editora, 1971.

MARIANO, K. P. e MARIANO, M. P. A formulação da política externa brasileira e as novas lideranças políticas regionais. *Perspectiva*: Revista de Ciências Sociais. São Paulo, vol. 1, Unesp, 2008.

MARRA, Teresinha A. Mendes. *A Política Externa Brasileira de 1961-1967*. Goiânia: Ed. UCG, 2000.

MARTINS FILHO, João Roberto. *O Palácio e a Caserna: A Dinâmica Militar das Crises Políticas na Ditadura (1964-1969)*. São Carlos: Editora da UFSCar, 1996.

MARTINS, Carlos Estevam. A Evolução da Política externa Brasileira da década 64/74. *Estudos Cebrap*, n° 12, 1975.

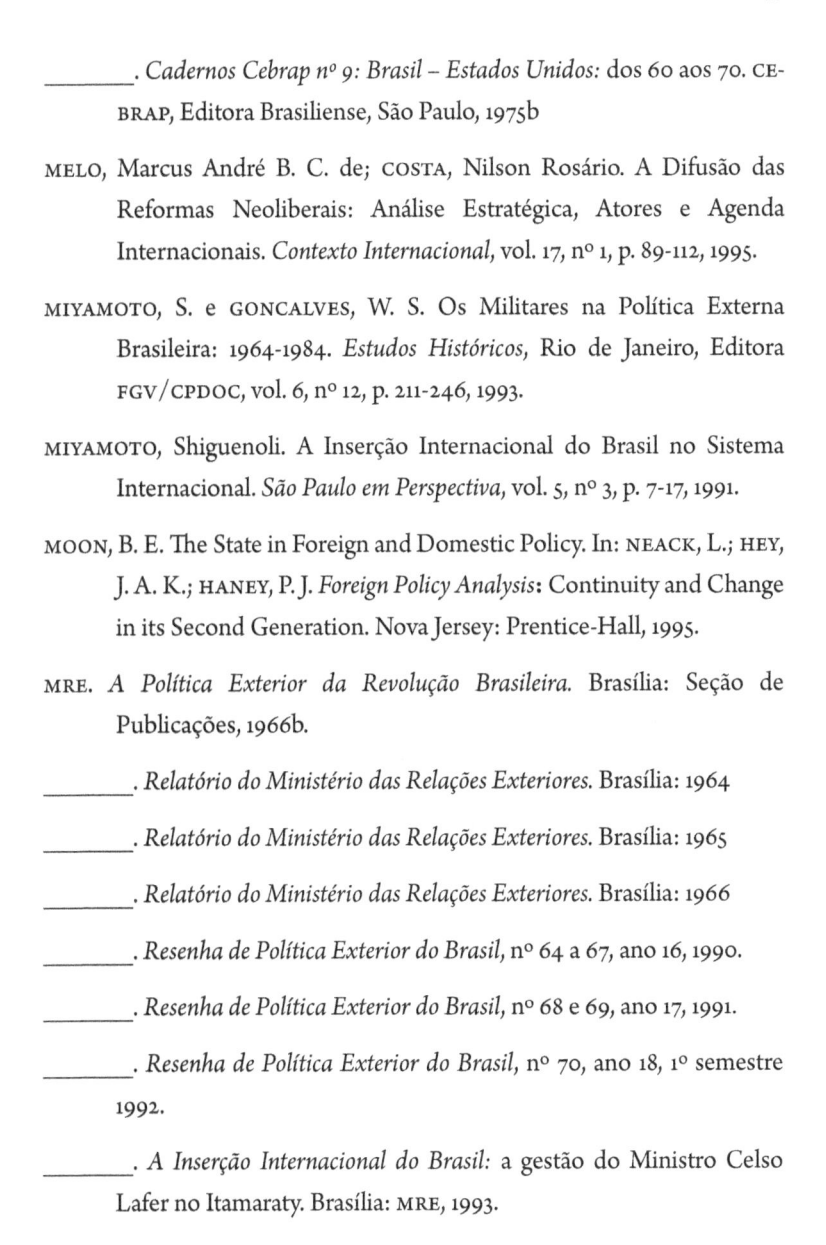

_____. *Cadernos Cebrap nº 9: Brasil – Estados Unidos:* dos 60 aos 70. CEBRAP, Editora Brasiliense, São Paulo, 1975b

MELO, Marcus André B. C. de; COSTA, Nilson Rosário. A Difusão das Reformas Neoliberais: Análise Estratégica, Atores e Agenda Internacionais. *Contexto Internacional,* vol. 17, nº 1, p. 89-112, 1995.

MIYAMOTO, S. e GONCALVES, W. S. Os Militares na Política Externa Brasileira: 1964-1984. *Estudos Históricos,* Rio de Janeiro, Editora FGV/CPDOC, vol. 6, nº 12, p. 211-246, 1993.

MIYAMOTO, Shiguenoli. A Inserção Internacional do Brasil no Sistema Internacional. *São Paulo em Perspectiva,* vol. 5, nº 3, p. 7-17, 1991.

MOON, B. E. The State in Foreign and Domestic Policy. In: NEACK, L.; HEY, J. A. K.; HANEY, P. J. *Foreign Policy Analysis*: Continuity and Change in its Second Generation. Nova Jersey: Prentice-Hall, 1995.

MRE. *A Política Exterior da Revolução Brasileira.* Brasília: Seção de Publicações, 1966b.

_____. *Relatório do Ministério das Relações Exteriores.* Brasília: 1964

_____. *Relatório do Ministério das Relações Exteriores.* Brasília: 1965

_____. *Relatório do Ministério das Relações Exteriores.* Brasília: 1966

_____. *Resenha de Política Exterior do Brasil,* nº 64 a 67, ano 16, 1990.

_____. *Resenha de Política Exterior do Brasil,* nº 68 e 69, ano 17, 1991.

_____. *Resenha de Política Exterior do Brasil,* nº 70, ano 18, 1º semestre 1992.

_____. *A Inserção Internacional do Brasil:* a gestão do Ministro Celso Lafer no Itamaraty. Brasília: MRE, 1993.

_____. *Seção de Segurança Nacional do Ministério das Relações Exteriores.* Disponível em: <http://www.portalan.arquivonacional.gov.br/media/MRE.pdf>. Acesso em: 10 de out. 2011.

MULLER, June Beatriz. A Política Externa Brasileira dos governos Sarney, Collor e Itamar: um novo paradigma. Dissertação, UnB, 2003.

NEACK, L. Linking State Type with foreign Policy Behavior. In: NEACK, L.; HEY, J. A. K.; HANEY, P. J. *Foreign Policy Analysis:* Continuity and Change in its Second Generation. Nova Jersey: Prentice-Hall, 1995.

NEACK, L., HEY, J. A. K., HANEY, P. J. Gerenational Change in Foreign Policy Analysis. In: *Foreign Policy Analysis:* Continuity and Change in its Second Generation. Nova Jersey: Prentice-Hall, 1995.

NIKLASSON, Tomas. *Regime Stability and Foreign Policy Change:* interaction between domestic and foreign policy in Hungary, 1956-1994. Lund: LundsUniversitet, 2006.

NOGUEIRA, J. P. e MESSARI, N. *Teoria das Relações Internacionais:* correntes e debate. Rio de Janeiro: Elsevier, 2005.

O´DONNELL, G. A. *Modernization and Bureaucratic-Authoritarianism: studies in South American politics.* Berkeley: University of California, 1973.

PANG, Eul-soo; JARNAGIN, Laura. Brazil's Catatonic Lambada. *Current History*, Articles Concluded, Feb. 1991.

PAPADAKIS, Maria; STARR, Harvey. Opportunity, Willingness, and Small States: the relationship between environment and Foreign Policy. In: HERMANN, C. F; KEGLEY. C. W.; ROSENAU, J. *New Directions in the Study of Foreign Policy.* Boston: Allen and Unwin, 1987.

PARK, Tong W.; KO, Dae-Won; KIM, Kyu-Ryoon. Democratization and FPC in the East Asian NICs. In: ROSATI, J. A.; SAMPSON, M. W.; HAGAN, J.

D. *Foreign Policy Restructuring*. How governments respond to Global Change. Columbia: University of South Carolina Press, 1994.

PINHEIRO, Armando Castelar; ALMEIDA, Guilherme Bacha. O que mudou na proteção à indústria brasileira nos últimos 45 anos? *Pesquisa Planejamento Econômico*, vol. 25, nº 1, abril 1995.

PINHEIRO, Letícia. Traídos pelo Desejo: um ensaio sobre a teoria e a prática da política externa brasileira contemporânea. *Contexto Internacional*. Rio de Janeiro, vol. 22, p. 305-335, jul/dez 2000a.

_____. Unidades de Decisão e Processo de Formulação de Política Externa Durante o Regime Militar. In: ALBUQUERQUE, J. A. G. (org.) *Sessenta Anos de Política Externa Brasileira, 1930-1990*/Prioridades, Atores e Políticas. São Paulo, USP, vol. 4, 2000b, p. 449-474.

_____. *Política Externa Brasileira, 1889-2002*. Rio de Janeiro: Zahar, 2004.

PINHEIRO, Letícia; SOLOMON, Mônica. *Análise de Política Externa e Política Externa Brasileira*: trajetória, desafios e possibilidades de um campo de estudos. Paper apresentado no 3º Congresso da ABRI, São Paulo: USP, monografia.

PRADO, Débora Figueiredo B. do e MIYAMOTO, Shiguenoli. A Política Externa do Governo José Sarney (1985 – 1990). *Revista de Economia e Relações Internacionais*, vol. 8, nº 16, p. 67-80, 2010.

REIS, Eustáquio *et al.*, 2003. Contas Nacionais. Brasil: Tabela População, Produto Interno Bruto, Produto Interno Bruto – per capita – e deflator implícito do Produto Interno Bruto, 1901/2000. In: *Estatísticas do Século XX*. Rio de Janeiro: IBGE, 2007.

REZEK, Francisco. Verbete: Francisco Rezek. CP-DOC/FGV. Disponível em: <http://cpdoc.fgv.br/>. Acesso em: julho de 2011.

RIPLEY, B. Cognition, Culture, and Bureaucratic Politics. In: NEACK, L.; HEY, J. A. K.; HANEY, P. J. *Foreign Policy Analysis:* Continuity and Change in its Second Generation. Nova Jersey: Prentice-Hall, 1995.

ROSATI, J. A.; SAMPSON, M. W.; HAGAN, J. D. The Study of Change in Foreign Policy. In: ROSATI, J. A.; SAMPSON, M. W.; HAGAN, J. D. *Foreign Policy Restructuring.* How governments respond to Global Change. Columbia: University of South Carolina Press, 1994.

ROSATI, Jerel A. Cycles in Foreign Policy Restructuring: the politics of continuity and change in U.S. foreign policy. In: ROSATI, J. A.; SAMPSON, M. W.; HAGAN, J. D. *Foreign Policy Restructuring.* How governments respond to Global Change. Columbia: University of South Carolina Press, 1994.

_____. New Directions and Recurrent Questions in the Comparative Study of Foreign Policy. In: HERMANN, C. F; KEGLEY. C. W.; ROSENAU, J. *New Directions in the Study of Foreign Policy.* Boston: Allen and Unwin, 1987a.

ROSENAU, James N. Pre-Theories and Theories of Foreign Policy. In: FARRELL, R. B. (ed.) *Approaches to Comparative and International Politics.* Evanston: Northewestern University Press, 1966.

RYNNING, S.; GUZZINI, S. Realism and Foreign Policy Analysis. *Working Papers,* vol. 42, Copenhagen Peace Research Institute, 2001.

SALLUM, Brasilio Jr. e CASARÕES, Guilherme Stolle Paixão. O Impeachment do Presidente Collor: a literatura e o processo. *Lua Nova,* nº 82, p. 163-200, 2011.

SARAIVA, S. Is it possible to establish a casual nexus between foreign policy and political regime? In: SARAIVA, J. S. (ed.). *Foreign policy and political regime.* Brasília: InstitutoBrasileiro de RelaçõesInternacionais, 2003.

SCHRAEDER, Peter J. Bureaucratic Incrementalism, Crisis, and Change in US Foreign Policy Towards Africa. In: ROSATI, J. A.; SAMPSON, M. W.; HAGAN, J. D. *Foreign Policy Restructuring. How governments respond to Global Change.* Columbia: University of South Carolina Press, 1994.

SIMÕES, Gustavo da F. *Turbulência política interna e política externa durante o Governo Castello Branco (1964-1967).* Dissertação (mestrado), Instituto de Relações Internacionais, UnB, Brasília, 2010.

SKIDMORE, David. Explaining States Responses to International Change: the structural source of foreign policy rigidity and change. In: ROSATI, J. A.; SAMPSON, M. W.; HAGAN, J. D. *Foreign Policy Restructuring. How governments respond to Global Change.* Columbia: University of South Carolina Press, 1994.

STEPAN, A. *Os Militares na Política:* as mudanças de padrões na vida brasileira. Rio de Janeiro: Artenova, 1975.

VASQUEZ, John A. Domestic Contention on Critical Foreign-Policy Issues: The Case of the United States. *InternationalOrganization*, vol. 39, n° 4, p. 643-666, Autumn 1985.

VELASCO e CRUZ, Sebastião Carlos. *Estado e Economia em Tempo de Crise:* política industrial e transição política no Brasil nos anos 80. Rio de Janeiro/Campinas: Relumé Dumará/Editora da Unicamp, 1997.

VIANA Filho, L. *O Governo Castelo Branco.* Tomo II. Rio de Janeiro: José Olympio, 1975.

VIEIRA, Marco Antonio M. de C. Ideias e Instituições: uma reflexão sobre a política externa brasileira do início da década de 90. *Contexto Internacional*, vol. 23, n° 2, p. 245-293, 2001.

VIGEVANI, Tullo. Os Militares e a Política Externa Brasileira: interesses e ideologia. In: ALBUQUERQUE, J. A. G. (Org.) *Sessenta Anos de Política Externa Brasileira* (1930-1990), vol. 1: crescimento, modernização e política externa. São Paulo: Núcleo de Pesquisa em Relações Internacionais, 2006, p. 47-82.

VIZENTINI, Paulo Fagundes. *A política externa do regime militar brasileiro:* multilateralização, desenvolvimento e construção de uma potência média (1964-1985). Porto Alegre: UFRGS, 1998.

VIZENTINI, Paulo Fagundes. *Relações Internacionais do Brasil:* de Vargas a Lula, 3ª ed. São Paulo: Editora Fundação Perseu Abramo, 2008.

VIZENTINI, Paulo Gilberto F. *Relações Internacionais do Brasil:* de Vargas a Lula, 3ª ed. São Paulo: Fundação Perseu Abramo, 2008.

VOLGY, Thomas J.; KENSKI, Henry. Systems Theory and Foreign Policy Restructuring: Distance Change in Latin America, 1953-1970. *International Studies Quarterly*, vol. 26, nº 3, p. 445-474, set. 1982.

VOLGY, Thomas J.; SCHWARZ, John E. Foreign Policy Restructuring and the Myriad Webs of Restraint. In: ROSATI, J. A.; SAMPSON, M. W.; HAGAN, J. D. *Foreign Policy Restructuring.* How governments respond to Global Change. Columbia: University of South Carolina Press, 1994.

WORLD BANK. World Development Indicators (WDI) & Global Development Finance (GDF). Disponível em: <http://databank.worldbank.org/ddp/home.do>. Acesso em: Dezembro de 2011.

WORLD TRADE ORGANIZATION. *Understanding the WTO:* The Uruguay Round. Disponível em: <http://www.wto.org/english/thewto_e/whatis_e/tif_e/fact5_e.htm>. Acesso em: Janeiro de 2012.

Agradecimentos

Agradeço à Professora Janina, pela orientação durante o processo de elaboração da dissertação e pela paciência necessária a um aluno de mestrado. Também agradeço ao Professor Pio Penna Filho, pela orientação no início da pesquisa, antes de se mudar para Brasília.

Aos professores Amâncio Jorge Silva Nunes de Oliveira e Shiguenoli Miyamoto pelas colocações na banca de mestrado, consideradas na elaboração desta versão final do livro. Ao professor Shiguenoli um agradecimento especial pelo texto da orelha do livro.

Ao professor João Paulo Cândia Veiga, agradeço o auxílio no processo de publicação do livro.

À Capes e à Fapesp, pela suporte financeiro durante 17 meses do mestrado. Ao IRI, aos seus professores e à secretaria, pelos trabalhos prestados.

Aos meus pais, pelo incentivo à vida acadêmica e pelo apoio financeiro no início do mestrado. Além da "revisão vip" do texto da dissertação.

À minha namorada há quase 8 anos, Maria Amélia, presente durante todo o período do mestrado, pela atenção, amor, carinho, paciência e incentivo. À minha sogra, que me recebeu por seis meses em sua casa, quando eu ainda não tinha uma.

Ao meu irmão e "irmã", Caio e Fabiana, que trouxeram ao mundo neste período as alegrias da família, Otto e Theo.

À "família da capital": Ricardo, Iraci, João Ernesto e Luiza pelas recepções aos domingos. Ao Thiago pela "curtíssima" estadia de seis meses quando me mudei para São Paulo.

Ao meu colega de casa, Paulo, que também deu apoio neste processo.

Aos colegas do IRI, membros da "velha guarda" (primeira turma da pós-graduação): Thaís Menezes, Cícero Luz, Flávio Pinheiro, Flávio Pedroso, Flávia Donadelli, Marina Martins, José Mauro Delella, Allexandro Coelho, Juliana Costa, Danylo Rocha. Assim como àqueles que chegaram depois: José Pimenta, Izabela Araújo, Lucas Tasquetto, Augusto Leão, Camila Baraldi e Nora Rachman.

Aos colegas de graduação que colaboraram nas revisões de textos: Tatiana Berringer e Karen Honório.

Aos ex-colegas de república durante a graduação em Franca: Campeão, Túlião, Chico Lang, Gonzo, Japa, Ninja, Tamaoki, Cido, Pipa, Harabura e Soneca.

Esta obra foi impressa em São Paulo na primavera
de 2013. No texto foi utilizada a fonte Arno Pro,
em corpo 10,5 e entrelinha de 15,5 pontos.